가는 곳마다 예술이오 보는 것마다 역사이다

seein시인특선055

가는 곳마다
예술이요
보는 것마다
역사이다

詩발 — 문화자연유산 100處 100詩

홍찬선 제8시집

문화발전소

머리말

한국은 넓고도 깊었습니다

삶은 인연으로 이어집니다. 뜻하지 않았던 일이 뜻밖의 인연으로 일어나는 일이 많습니다. 강희갑 사진작가와 함께 문화유산여행을 하게 된 것도 좋은 인연 덕분이었습니다.

저와 강 작가는 2016년 6월, 루게릭병 환우들을 돕는 '희망일출산행'에서 처음 만났습니다. 그때 맺은 좋은 인연이 강 작가가 아는 심재길 웨이프렌즈 사장님과 이어지고 심사장님 덕분에 한국문화재단의 문화유산채널로 연결됐습니다.

한국문화재단의 지원을 받은 강 작가와 저는 2020년 8월부터 전국의 문화재 현장을 찾아다녔습니다. 코로나19로 여행객이 뚝 끊긴 문화재 현장은 아픔 그 자체였습니다. 주차장이 텅텅 비고 손님의 발길을 기다리는 가게 주인들의 애타는 한숨소리가 높고 깊었습니다.

독도에서 시작했습니다. 한국에서 제일 먼저 해 뜨는 곳, 독도는 막내가 아니라 맏이입니다. 독도는 외로운 섬 하나가 아닙니다. 독도는 상상력 덩어리이고, 젊음의 꿈이고, 대한민국의 미래입니다.

발길은 남한산성에서 수원화성을 거쳐 강릉 경포대와 안동 창녕 밀양 부산으로 이어졌습니다. 동강 어라연에서는 뜨겁게 내리쬐는 폭염에 잠시 더위 먹어 허덕이기도 했습니다. 하지만 그대로 멈출 수 없었습니다. 주왕산 주산지에서 잃었던 힘을 다시 찾았습니다. 순천만 갈대밭에서, 운주사 와불에서, 공주 무녕왕릉에서 잊었던 역사를 되돌아보았습니다.

한국은 넓고도 깊었습니다. 좁다고 불평하는 사람들은 한국의 넓고 깊은 곳을 다니지 않은 사람들의 핑계에 불과합니다. 아무리 좋다고 얘기해도 직접 발을 움직여 가서 보는 것이 가장 좋습니다. 백문이 불여일견 百聞不如一見이라는 말처럼 말입니다.

가는 곳이 모두 도서관이고 보고 듣는 것이 모두 스승이었습니다.

열심히 했지만 늘 남는 것은 아쉬움입니다. 좀 더 많은 곳을, 좀 더 깊게 살펴보고 좀 더 좋은 시로 좀 더 많은 감동을 전했으면 하는 아쉬움입니다. 특히 제주도와 백령도, 백두산도 갈 예정이었는데, 코로나 때문에 뱃길과 하늘길이 막혀 가지 못했습니다. 올해는 마스크를 벗고 갈 수 있기를 기대합니다.

이제 첫 발을 내디뎠으니 또 다른 인연이 맞닿아 새로운 인연으로 이어져 아쉬움을 달랠 수 있는 길이 열릴 것으로 생각합니다. 많은 사랑과 질정 叱正을 부탁드립니다.

감사합니다.

      2021년 신축년 설날 한티 우거에서
      덕산 德山

차례

머리말 – 한국은 넓고 깊었습니다　4
서시 – 시는 발의 노래다　13

1장 │ 해는 동해에서 뜨고

독도는 외롭지 않다　16
독도 연　17
다윈의 울릉도　19
금강산　20
경포호 신혼부부　21
선교장　22
안반데기　23
청옥산　24
설악산　25
반구대암각화　26
어라연　28
촛대바위　29
불국사　30
망부석　32
대왕암 해돋이　33
양동마을　34

석굴암 갑질　36

2장 | 저녁노을 서해 꿈

미륵사지　38
부소산성 삼충사　40
낙화암　41
정림사지5층석탑　42
백제금동대향로　43
사랑나무　44
궁남지 연꽃　46
계백이 전한 말　47
은진미륵　48
무녕왕릉　50
삘기　52
들국화　53
공산정　54
고마나루　55
수덕사　56
임존성　57
묘순이 바위　58

여치　60
파란나라　61

3장 | 남도의 향기

사랑　64
해인사　65
주왕산　66
주산지　67
우포늪　68
가야소녀 송현이　70
유엔기념공원　72
표충비 향나무　74
광안리 해수욕장　75
낙죽장　76
운주사　78
순천만습지　79
선암사　80
낙안읍성　82
금성산성　83
화순적벽　84

송광사　85
송광사 국사전　86
담양연가　88
서석대　90

4장 | 북 아닌 북의 노래

함정리　92
제암리 해원가　94
수촌교회　96
당성　98
화성　100
방화수류정　102
죽주산성　103
처인성　104
해월묘　106
반룡송　107
남한산성의 꿈　108
서울과 개성 사이　109
이세화　110
덕수궁　112

창덕궁 후원　114
경복궁 건청궁　116
도라산역　118
태릉　120
꼬꼬농장　121
덕진산성　122
수락산　123
불곡산　124
우통수　126
북한강　128

5장 | 중을 지켜야 나라가 산다

독립기념관　130
부용대　132
서당과 서원　134
통일나무　135
그 날 님에게　136
의림지　138
무암사　139
월악산 영봉　140

두향 142

비봉산 144

박달재 145

고달사터 146

은목서 148

갈대 149

동거 150

심우장 152

경교장 154

양털구름 156

종시
길 157

평설
고산자古山子의 혼으로 문화를 찾고, 그 몸에
시의 혼을 입히다 – 이충재 159

서시—詩발*

시는 발의 노래다

발로 뿌린 씨가 발에서 싹트고
발은 시를 사람의 말로 옮겨 적는다
발로 끌어온 자연은 시간마술이 되고
발은 풍경을 더욱 아름답게 재현한다

하늘과 땅과 사람이
여기저기 새겨 놓은 그대로의 모습으로

시발은 발로 주운 시요
시발은 발로 번역한 자연의 소리요

시가 어렵다고 하는 건
시가 시인만이 쓰는 것이라고 우기는 건

시발을 모르고
시발을 알려고도 하지 않는
엉터리 시발이 많기 때문이다

*詩발: 발로 쓴 시

1장　해는 동쪽에서 뜨고

독도는 외롭지 않다

누가 독도를 외로운 섬이라 했나
망망대해 기댈 것 하나 없는
동해에 우뚝 솟은 큰 섬
우산봉 대한봉 짝 이뤄 기틀잡고
촛대봉 탕건봉 삼형제굴 부채바위
숫돌바위 오작교 하나 되는 곳

독도는 상상력 덩어리요
독도는 젊음의 꿈이요
독도는 대한민국 미래다

갈매기 떼 지어 환영 합창하고
켜켜이 쌓아올린 역사의 절벽엔
독도국화 독도백리향 독도사철나무
독도보리수 바람 벗 삼아 크고
보이는 것 헤아릴 수 없이 많아
바다 속 보이지 않는 것 훨씬 더 살진 곳

설렘은 아쉬움으로 아쉬움은 다짐으로
다짐은 거듭남으로 바뀌는 지금
틈마다 결마다 생명 돋아나는 곳
독도는 절대 외롭지 않다

독도 연

하늘에 보내고 싶은
사연이 있었던 것이다

엄마 아버지가 가신 그 곳
해님 비추어 날이 밝고
달님 속삭여 다정한 밤 쉬는 곳

땅에 붙은 두 발로는
뛰어도 달려도 갈 수 없기에
가슴에 구멍 뚫고 마음 비워
가볍게 날아 바람을 도와주고

하염없이 흔들리는 것
눈에 보이지 않는 실로 잡아
오로지 그곳으로만 날도록
가서 우리가 놓인 처지 알리고
무엇 해야 할지 알려 달라고

바람은 하늘 나는 것
하늘을 달려 막힌 피랑 넘는 것

피랑 넘어 새 누리 여는 것
새 누리 열어 함께 잘 사는 것

이 땅에 첫 나라 연 단군 할아버지와
탐라국 정벌한 최영 장군과
왜놈 무찌른 이순신 장군도 그것 알아

사연 적고 불과 사람 태워
하늘에 그 일 이루도록 두 손 모았다

다윈의 울릉도

독도 가는 길목 울릉도에선
다윈도 갸웃거린다

울릉도에서 제일 높은 성인봉 오르는
나리분지 숲길에는 부산하게 오가며
여성 등산객들의 자지러지는 비명을
엉큼하게 즐기는 애들이 많다

눈 물 돌 미인 바람 향나무 흑비둘기
해국 백리향 섬시호 섬현삼 섬개야광나무는
군자들 살기 딱 맞는 세상
도둑과 공해가 없는 무릉도원이다

무엇보다도 뱀이 없다는 게
그놈들에겐 지상낙원이다
약초와 향나무가 많아서일까
흙이 얇아 겨울잠 잘 수 없어서일까

뱀 없고 쥐 많은 건
갸웃하며 눈 초롱초롱한
다윈을 기다릴 일이다

금강산*

개골산 어디메뇨
오고가지 못하는 곳

꿈결에 살짝 보는
첫사랑 아픔인 듯

반드시 찾아야 할 곳
자기 삶의 나침반

온 누리 명성 다툰
일만 이천 산봉우리

선계를 사로잡듯
탄성을 자아내고

서둘러 한 몸 한마음
울려 퍼진 교향곡

한 번은 배를 타고
또 한 번은 버스타고
마음을 졸이면서
서둔 숙제 못 끝냈네

눈앞에 손끝에 닿는
아프고 먼 분단통

*금강산에는 이번에 가지 못했지만 1999년에는 배를 타고, 2002년에는 버스를 타고 갔었다. 그때의 기억을 더듬어 고성 통일전망대에서 아쉬움을 달랬다.

경포호 신혼부부

물고기도 사람 사는 게 궁금한 거였다
코로나19로 헉헉 대는 사람들이 어떻게
해 넘는 것 보고 꿈꾸며 희망 만들면서
살아갈 힘 얻는지 알고 싶은 것이었다

경포호가 하늘 닮아 발갛게 물들어 가자
물고기들이 여기저기서 퐁퐁 소리를 내며
뛰어 올랐다 이렇게 좋은 날에 기죽지 말고
팔팔하게 살아야 한다고 알려주려는 듯

오리 가족도 느긋하게 장단 맞추었다
앞에는 엄마가 뒤에는 아빠가 울타리 치고
중간에는 딸 세 마리 아들 세 마리 사이좋게
물살 가르며 어려움이 행복이라고 전해주었다

어제 결혼하고 해외 대신 여기로 신혼여행 온
신혼부부 얼굴이 발갛게 물들도록 바라보았다
물결에 삶이 춤추고 무더위도 물리치는 거였다
아이는 얼굴 맞댄 연인 보고 또 볼이 빨개졌다

선교장

땅 길이 넓어지고
물길이 사라졌다
배다리마을도 없어지고
배다리집, 선교장船橋莊만 남았다

삼백 년은 짧고도 길었다
그 집을 짓고 살았던 사람은 가고
그 집은 차츰 넓어져 국가민속문화재가 됐다
초정 옆 회화나무는 세월을 힘들어 하고….

시간 앞에 장사 없어도
집 뒤 송림에는 아름드리 소나무가
아직 불끈불끈 젊음을 자랑하며
솔솔 부는 바람으로 발길을 유혹했다

시작이 있으면 끝이 있고
끝은 마지막이 아니라 새로운 시작이듯
남아 있는 이름은 지나가 사라진 옛날을
상상으로 되살려내는 부활의 실마리였다

안반데기*

눈으로 보는 게 다가 아니었다
눈 크게 뜨고 다 보려고 해도
정신은 자꾸 흩어졌다
귀와 코와 살갗이 자꾸 잡아갔다

카메라는 달랐다
이곳만 보라고 해놓으면
귀와 코와 살갗은 없었다
오로지 눈에 보이는 것만
깊게 빠짐없이 보여주었다

캄캄한 어둠 속의 안반데기에서
눈으로는 볼 수 없는 고랭지 배추와
눈으로는 너무 산만한 별 무더기를
하나로 묶어 놀라움을 만들어 냈다

궁수와 전갈꼬리에서
백조 날개 타고 견우와 직녀 이어주고
카시오페아로 이어진 미리내는
알지 못하는 전설 듬뿍 뿌렸다
말은 들을 수 있는 사람에게만 들리고
별은 볼 수 있는 사람에게만 보였다

*강원도 강릉시 왕산면 대기리 2214-107에 있는 마을. 해발 1100m 고산 지대로 떡메로 떡을 치는 안반처럼 우묵하면서도 널찍한 지형이 있어 안반데기로 불린다.

청옥산

별 볼 일이 있었다
쉰 넷 날이나 이어진 장마 끝나고
불볕더위와 코로나19로 온 나라가
들끓던 경자년 칠월 초이틀 한밤중에

별을 보았다
뫼골 용와산 위로 쏟아지던 별을*
지리산 천왕봉에서 함께 했던 별을
평창 청옥산 육백마지기에서

별을 쓸어 담았다
오늘 따라 더 크고 더 밝게
반짝이는 샛별과 닷새 뒤에
미리내 오작교 건너 만날 직녀와 견우

별이 그곳에 있었다
단군 할아버지 나라 세울 때부터
별 볼 일 없다는 건
게으름뱅이의 핑계라는 것을 알았다

*뫼골: 충남 아산시 음봉면 산동리3구의 마을이름. 마을 뒤에 용와산이 있다.

설악산

곱다 이쁘다 아프다
이 말밖에 할 수 없게
설악산 발갛게 물들인 그대
파란 가을 설악동 특설무대에
아름다움 뽐내는 미풍美楓대회 열렸다*

다만 오늘 위해 겨울 봄 여름 가을
하루도 거르지 않고 땀 뺀 그대
나는 노란 연지
너는 붉은 곤지
쟤는 게으른 파랑

한 줄 더 앞에 서려 핏줄 불끈 튀고
온몸 새색시 뺨보다 더 발개진다
훼방꾼 바람이 휑하게 불어
하늘이 시퍼렇게 질린 날
솜구름 새털구름 잔잔히 미소 짓고
도심 미세먼지 떠난 추남추녀 함께 젖는다

*아름다운 사람 뽑는 미인美人대회에 빗대어
 고운 단풍 경선대회를 美楓미풍대회라고 불러봤다.

반구대암각화

때를 잘못 골랐다
마이삭과 하이선이 휩쓸고 간 뒤
혹시나 하는 설렘을 담아 서울에서
자동차를 빨리 몰았으나 역시나였다
만 년 전 신석기시대 선조들이 남긴
작품은 무심하게 물속에 잠겨 있었다

가슴이 쓰라렸다
태풍 두 방에 쓰러진 안내판이 아팠고
암각화를 볼 수 없다는 섭섭함보다
국보를, 인류의 위대한 문화유산을
큰비만 오면 잠기게 만든 개념 없음이
코로나19보다 더 아프게 했다

반구대암각화는 우리 바다에
고래가 무척 많이 살았다는 사실과
우리 먼 조상이 그 옛날 거친 바다에 나가
힘을 합쳐 고래를 사냥했다는 역사와
글이 아직 생기기 전에
그림으로 이 모든 것을 기록한 진보珍寶다

사연댐 물높이를 8m만 낮게 하자
60m에서 52m로 낮추면 늘 볼 수 있다
선조가 남긴 엄청난 유산을 훼손시킴은
씻지 못할 커다란 죄지음
섭섭함 안타까움 화딱지 모두 떨치고
유네스코세계유산으로 등재시키자

어라연

뫼는 물이요 물은 뫼이다
그곳에 가본 사람은 끄덕이고
현장에 가보지 않은 자는
핏대 올린다

물은 사람이고 사람은 물이다
그곳에 오른 분은 맞장구 치고
발밑에서 꾸물대던 녀석은
삿대질한다

어라연 모든 모습을 볼 수 있는
잣봉 가는 길은 성마른 비탈길이다
긴 장마가 끝나고 불볕더위 내리쬐자
쇠다리 강대장*도 바튼 침 삼켰고
비실비실한 사람은 악바리 발동했다

어라연은 늘 그러했듯
스스로 하고 싶은 대로 뽐냈고
코로나19 이길 힘 기르려고
가볍게 나선 발은 임자 만났다
좋은 건
손 안대고 코 풀어 얻지 못한다
지친 발 다리 골 물에 풀어보니
물은 물이고 뫼는 뫼이다

*강희갑 사진작가는
 등산대장을 겸하고 있어
 강대장이란 애칭으로
 불린다.

촛대바위*

그대는 하늘에 무엇을 따지려
그렇게 봄 여름 가을 겨울, 늘
그대로 손가락 꼿꼿이 펴고
그 마음 또렷이 주장하는가

그대는 무슨 할 말이 그리 많아
그렇게 바람 한 점마저 허락하지 않고
그대로 잠잠한 바다를 끊임없이 휘몰아
그렇게 찬 바위를 세차게 후려치는가

그대는 사랑한다는 말마저
그렇게 끝내 하지 못한 채
그대로 모래 벌에 진한 사연을
그 가슴 하얗게 풀어 놓는가

*강원도 동해시 추암동 해안에 있는 촛대 모양의 바위.

불국사

올 때마다 달랐다

고등학교 수학여행 때는
그저 와서 사진 찍은 게 다였다
이십대 후반에 와서는
염불보다는 잿밥이 관심이었다
삼십대 사십대 때는
가끔 설명문을 읽어보고
옆 사람에게 물어보기도 했다

올 때마다 보고 듣는 게 달랐다

이순을 코앞에 둔 지천명 후반에는
지나간 것보다는 앞으로 올 것이
내 느낌보다는 다른 사람의 설명이
선입견과 편견이라는 두 마리 개보다는
명심과 정심이라는 두 개의 마음이
내려놓으라고, 비워야 채울 수 있다고
소곤소곤 속삭였다

다시 올 때는 느낄 수 있을까

다보탑과 석가탑 타고 살랑대는 바람을
청운 백운 연화 칠보 다리를 건너는 소리를
대웅 비로 극락전을 감도는 말없음의 가르침을
화강암을 찰흙처럼 부드럽게 다룬 손길을
사리탑과 석조에 남아 있는 세월의 두께를
임진왜란과 일제강점기의 어처구니없는 훼손을
나뉜 것을 반드시 하나로 만들어야 한다는 염원을

망부석

그리움이 사무친다
가슴 후비는 그리움을 달랠 길 없어
가파른 수릿재를 한달음에 오른다

뿌연 안개비가 앞을 가로 막는다
무정하게 떠난 님보다 더 야속한
안개비, 저것만 걷히면 파~란
동해바다가 한눈에 보이고 그
너머 왜국에 있는 님에게도 갈 수 있으련만

하늘은 비를 뿌리고
땅은 안개 피운다
사람은 그리움 풀지 못해
바위가 되어 멎었다

충신이 무엇이길래
애국이 무엇이길래
아내는 망부석 만들고
두 딸은 고아 되게 했는가

대왕암 해돋이

휘이익 쏴아 씨이익
파도가 말을 건다
알아듣지 못해 답답한 건지
한 번 두 번 세 번…
지치지 않고 끊임없이 말 건넨다

우르르 우우우 우르르 쏴아
바다가 흐느낀다
말 걸어도 끝내 알아듣지 못하니
제 마음 전할 길 없어 운다
하늘도 눈시울 발갛게 적신다

끼 끼룩 끼룩 까아악 까악 깍
갈매기와 까마귀가 노래한다
거센 바다가 홧김에 어제 밤
새도록 가져다 놓은 먹거리 쪼으며
모래사장 삼키려는 듯 까맣게 덮는다

양동마을

머리로만 생각한 것은
현장에 가면 늘 산산조각난다
경주시 양동마을에 들어서면서
개 두 마리가
깜짝 놀라 줄행랑을 쳤다

가보기 전엔 좋은 줄 모른다는 말
유네스코 문화유산에 등재됐다는 말
세상을 놀라게 할 세 명의 현인이
태어날 명당 터에 지어진 집 있다는 말

들리는 말들은 많았고
그럴 때마다 그저 사람 사는 동네거니
가 본 사람이 자랑 질 하는 것이려니
언제 시간나면 들러볼 때가 있으려니,
주춤대는 동안 시간은 강도처럼 흘렀다

이름은 헛되이 전하지 않는다는 말은
양동마을에 들어서는 바로 그때부터
커진 눈을 떼지 못하고 벌어진 입 연 채

아쉽게 떠나야 하는 순간까지 이어졌다

산비탈에 아슬아슬하게 지은 기와 초가집들이
양반과 평민이 어우러진 삶인 듯 수채화처럼
설창산 성주산 기계천 형산강에 묻어난다
가운데에 돋은 에덴동산을 바깥바퀴처럼
에워싼 안골 물봉골 두동골 장태골 백오십 여 채는
두 마리 개 내쫓는 회초리 스승이다

석굴암 갑질

석굴암 석가모니불이 하소연 하신다
유리벽에 갇혀 마스크 쓴 사람들보다
더 답답하다고, 토함산 너머 동해에서
떠오르는 햇살 본 지 너무 오래됐다고

석굴암 석가모니불 뵈러 간 나그네도
마찬가지로 아프다, 마이삭 하이선에
쓰러진 벼와 나무들에 짠해진 마음이
입장료를 6000원이나 받는 폭리에
사진 못 찍게 하는 갑질에 화딱지 난다

문화재 보호라고 했다
플래시 끄고 유리벽 바깥에서 사진 찍으면
석굴암 보존에 어떤 피해가 간다는 것인지,
석가모니불 앞에 놓여 있는 촛대와 목탁과
불경은 되고, 인자한 미소 널리 알리려는
사진은 안 된단다, 국립중앙박물관에서는 되는데…

석굴암 갑질에 석가모니불이 눈살 찌푸리신다
석굴암 갑질에 석가모니불이 가슴 적시신다
석굴암 갑질에 석가모니불이 다가서지 못하신다

2장 저녁노을 서해 꿈

미륵사지

어떤 일 일어났을까
익산益山 미륵사에서

경주 황룡사보다 넓고
경복궁보다 30배나 커
엄청나게 드넓은 가람

가운데 구층 목탑
동서로 구층 석탑
탑 세 개에 금당도 세 개
중생 구할 미륵부처 세 분 모시고

미륵산과 석탑 은은히 비추는
큰 연못 동서로 마주해
속세의 찌든 욕심 씻어낸 이곳

백제 무왕의 왕비 크게 발원해
천삼백 년 뒤에 세계문화유산 만들었는데

누가 알았을까

겨우 쉰아홉 해 지나 나라 망할 줄
어찌 상상이나 했을까
미륵사 불타 없어지고 서쪽 석탑만
무너지고 깨진 채 남아 있을 줄

그 사람이 온다
죽어 말 못하는 사람들 말 되살리고
망해 없어지고 뒤틀린 사실史實 바로잡아
땅 아래서 숨 죽여 흐느끼던 백제의 혼백
달래 줄 그 사람 저만치서 찬찬히 다가온다

부소산성 삼충사

부소산에 바람이 인다
고란사에서 낙화암 거처
삼충사를 휘감는 쓸쓸한 바람

아무리 나라와 백성을 살릴 묘책 있어도
지도자를 잘못 만나면 아무런 쓸모없는 일
그저 쓸모없는 것으로 끝나지 않고
내가 죽고 지도자도 죽고 백성들도
양떼처럼 이리저리 몰림 빵 당하다 죽는다

충신이란 말이 무슨 소용인가
태어날 때 이미 죽음으로 가는 것
내 몸 하나 죽는 것은 하나도 슬프지 않으나
나에게 목숨 맡긴 5000 결사대의 헛된 죽음과
3000 궁녀 떨어져 죽었다는 역사 왜곡과
아름다웠던 문화가 깡그리 사라지는 것을
어찌 차마 눈뜨고 볼 수 있을까

패자는 말 할 수 없고 사자는 말이 없다
충신이라 해도 왕을 바로잡지 못하고
백성을 구하지 못한 죄는 가벼워지지 않는다

나라 망한 설움도 그저 우리들
셋이서 곱씹고, 곱씹고 곱씹을 수밖에
낙화암 넘어오는 바람 고스란히 맞을 수밖에

낙화암

그대여
그날 그렇게 송골매보다 빠르게
하늘에서 땅으로 추락해 역사의 죄인 되고
잔잔한 초여름 바람 무심하게 산들거리는
백마강 물결에 실려 어이없이 가버린 그대여

그대여
그날 그렇게 많았던 좋은 임금 일
어찌 갑자기 묻어버리고 문득 암주暗主 되어
사랑하는 여인들마저 낙화암 전설로 만든
비겁하고 용서받지 못할 몹쓸 사람 된 그대여

그대여
그날 그렇게 물 건너 너른 들판에
벌건 해 돋고 꿩 비둘기 딱따구리
요란하게 아침 깨우는 소리조차
못 듣고 패자부활전조차 하지 못한 그대여

정림사지5층석탑

너를 본 순간 그 황홀함에
내 눈길 빠져 들어 갈 곳 잃었다
완벽한 8등신 균형미에 눈 뺏기고
머리 발 부드러운 선에 홀린 순간
내리 쬔 햇살 바람 멈추고 피 빨라진다

죽었던 백제의 혼
다시 기지개 켜듯
허름한 목책으로
꾸어온 보릿자루
신세 벗어났구나

처음엔 민낯 가림 막 너머 눈 없었다
이제 너를 보고 첫 만남의 무덤덤함
참회하고 그 죄 값 없어 애오라지
첫사랑보다 더 사랑할 것 새끼손가락 건다
아침 참새 부부 짹짹하며 도장 꽉꽉 누른다

백제금동대향로

그대 백제의 향 내음 머금고
그대 황룡의 겸손 절 받으며
그대 연꽃잎 깨달음 발판삼아

그대 천삼백 년 세월 참아 기다렸겠지요
하늘바라기 천수답 흙탕물 진흙 속에서
버렸다고 잊혔다고 없어지지 않는다는 것
겨울 밤 아무리 길어도 봄 새벽 온다는 것
때의 문 열리면 용과 봉황이 비상할 것 알았겠지요

다섯 악사 음악으로 어지러운 마음 달래고
열둘 신선 서른일곱 동물 함께 세월 낚으며
마흔아홉 굽이굽이 봉우리 물결에 몸 맡겨
동아시아 페니키아 부활할 날 기다렸겠지요

그런 한 그런 인내 그런 깨달음
하늘 땅 사람 하나로 이어 바로 그날
까만 닭 해 붉은 토끼 날 힘차게 깨어났네요

사랑나무*

사랑을 생각하고 나무를 보면
심장이 보입니다
그대의 얼굴이 서립니다

캄캄한 밤을 바람 자장가에 기대
반 천 년을 살아온 느티나무의 팔과 손가락이
하늘과 땅의 도움으로 빚어 낸 요술입니다

사랑 없는 메마른 가슴은
설레지 않는 딱딱한 머리는
선지식으로 가득 찬 두 눈은
나무가 전하는 사랑을
보지 못합니다

나무는 백가의 찬 마음을 안쓰러워합니다
나무는 유금필의 따뜻한 마음에 미소 짓습니다
나무는 신새벽 가르며 손잡고 올라오는
선남선녀들을 사랑 꽃으로 맞이합니다

나무는, 계룡산 넘어 백마강 지나

쏜살보다 빠르게 날아오는 사랑을

심장 한쪽에 꿀로 듬뿍 쌓았습니다

사랑이 필요하고

사랑을 하려하고

사랑을 나눠주려는 사람들에게

활짝 열고 몸 한 쪽을 웃으며 내 줍니다

*충남 부여군 임천林川면의 성흥산성에 있는
400~500살 된 느티나무.

궁남지宮南池 연꽃*

부여 궁남지에서는
연들이 새 삶을 노래하고 있었다
낙화암과 정림사5층석탑에서
남쪽으로 느릿느릿 걸어도 곧 닿는 곳

이내 터뜨릴 봉오리와
활짝 핀 뒤 한 두 잎 떨어진 꽃과
삶의 책임을 모두 한 밤이
손자 어머니 할아버지처럼
삶과 죽음을 도란도란 얘기하고 있었다

발길은 많이 줄어 있었다
백련과 홍련이 만발한 칠월보다
코로나가 오지 말라 위협하기 전보다
하이선 먹구름이 밀려들기 전보다

연들의 말은 더 많이 들을 수 있었다
용을 품어 서동을 낳은 무왕 어머니와
일본에 전해준 조경기술을 흔적조차 없이
지워도 살아난다는 가르침을 볼 수 있었다

*궁남지 : 충남 부여군 동남리에 있는
백제시대 연못.

계백이 전한 말

검은 구름은 솎아내는 촘촘한 그물이었다
하이선은 귀찮은 놈들 걸러내는 가는 체였다

마음이 아름다운 사람만 담뿍 누린다
체와 그물에 걸리지 않은 사람만 복 듬뿍 받는다

때를 아는 게 길을 얻는 길이요
때에 앞서는 것은 반역이다
때에 늦는 것은 게으름으로 일을 그르친다

계백은 때를 알았으나
때를 얻지 못해 충신이 되었다
의자는 때도 모른데다
때까지 잃어 망군(亡君)으로 낙인찍혔다

계백의 천사백 년 체증이 풀렸다
계백의 붉은 마음이 빨갛게 쏟아졌다
계백을 기다린 사람이, 오래 마주 선 사람이
보았다 탑정호 눈 깜짝할 새에 단심으로
물들인 계백이 전하는 말 새겼다

은진미륵*

손을 모았다
하늘 향해 뻗은 거대한 정성 앞에
뻣뻣한 두 손은 저절로 하나 됐다

오로지 생로병사 겪는 뭇 생명 구하려
부처되기 마다하고 반야산에 아줌마처럼 온
그대, 혜명이 온 사람 진심 모아 맞이했다

삼등신으로 어울리지 않듯 큰 얼굴에
모든 것 빨아들이려고 활짝 뜬 두 눈
어느 것 하나 빠뜨리지 않고 듣겠다는 두 귀
보고 들은 것 중 좋은 것만 말하려는 도톰한 입
시시비비를 똑바로 가르겠다며 오똑 솟은 코

단단한 화강암은 종이보다 부드러웠다
발가락 으깨져도 좋은 세상 오기 전엔
움직이지 않겠다며 두 발 살포시 모으고
조금도 치우치지 않으려는 뜻 머리 위
아슬아슬하게 인, 보관에 가득 담았다

사제沙梯촌 두 동자는 문수 보현보살

길이 막혔을 땐 어린아이에게 배우라는

가르침으로 혜명의 닫힌 머리 열어주었다

정성과 지혜와 사랑의 정수 앞에

코로나 물러가고 태풍 한파 잠재우며

잘린 허리 이어지도록 두 손 꼭 모았다

*충남 논산시 은진면의 반야산般若山(96m)
관촉灌燭사에 있는 석조미륵보살입상. 국보 323호.

무녕왕릉

모든 것은 다 때가 있었다
천 사백 사십 육 년이나 땅 속 깊이 묻혀 있다가
천 구백 칠십 일 년에 우연히 곡괭이 끝에 걸린 것은
이제 때가 됐으니 세상에 나가
그날 있었던 일을 말하라는 명령이었다

낮은 봉분이 일제의 마수에서 벗어나게 했다
공주 송산리 여섯 번 째 왕릉 뒤 조그마한
무덤은 아예 왕릉이라는 상상마저 지웠다
덩치가 커 일제의 눈에 띄었더라면
무녕왕은 없어졌을지 모를 일이었다
무녕왕이 후세를 위해 남겨놓은 기록은
단군처럼 그날 사라졌을지도 모를 일이었다

귀여운 석수石獸가
무녕왕의 마음을 밝게 알아
천 사백 사십 육 년 동안
두 눈 시퍼렇게 뜨고 두 귀 활짝 열어
무덤의 비밀을 굳게 지켰다

키가 팔척이요 눈썹이 그림 같아

인자하고 너그러워 민심이 따랐던

무녕왕 사마斯摩는

죽어서 들어갈 땅을 무단 점거하지 않고

땅값을 후하게 치러

지신도 감동해 그를 따듯하게 보호했다

나날이 쪼그라들고

다달이 잊혀 가는

백제가 더 이상 초라해져서는 안될 때

무녕왕은 배수로로 신호를 보내

어둠에서 밝음으로 멋지게 부활했다

삘기*

보고도 모른다
흰 띠 풀로 자리를 까니 허물이 없다는*
글을 읽고 배우면서 흰 띠 풀이 바로 그
삘기라는 것을 금세 떠올리지 못한다
새 봄 춘삼월에 허기진 배 달래려고
파란 새순 속 하얀 속살 벗겨 먹던 일
새록새록 아파도 삘기가 흰 띠 풀이라는 것
글 읽은 지 한참 지나서야 멋쩍게 깨닫는다
눈과 머리로만 배우려는 쓸쓸함이다

하얗게 지새운 밤 무슨 걱정 그리 많나
허기진 보릿고개 함께 넘던 어린 길벗
떠난 님 돌아오라고 새하얗게 끓은 애

*삘기: 띠 풀의 어린 새순. 뽑아 씹으면 껌처럼
질겅질겅 씹히며 달착지근한 물이 나와 보릿고개를 넘을 때
허기진 배를 달래는 벗이었다.
*자용백모(藉用白茅), 무구(无咎), 주역 28번째
택풍대과(澤風大過) 초육 효사.

들국화

가을은 색으로 왔다가
가을은 향기로 떠난다

저녁 해 입동 맞으러
느릿느릿 잠자리로 가고
도인都人들 기지개 켜며
하루 일 마감하려 서두를 때

문득 짙은 향기가 말을 걸었다
가을이 지금 어디쯤 있나요

의자義慈의 아픔을 전하는 걸까
김헌창의 비뚤어진 권력욕을 탓할까
망이 망소이의 한을 쓰다듬음일까
송창*의 비겁함을 혼내주는가

공산성 금서루錦西樓 앞 비탈에
흐드러지게 핀 들국화가 속삭였다

가을을 곱게 보내주세요
색으로 가을을 알린 단풍이 떠나잖아요
그 누구도 때를 거스를 수 없듯
내가 가을을 겨울에게 넘겨주어요

가을이 향기로 달려갔다
금서루에서 웅진백제를 바람에 달고…

*송창松窓 : 인조의 호

공산정

그날 역사는 잠시 끊겼다
해동증자로 이름 날렸던
의자義慈는 믿었던 부하의
배반으로 소정방에게 사로잡혀
거친 황해 눈물 마시며 당으로 끌려갔다

그날 이후 역사는 잠깐 꿈틀댔다
도침과 흑치상지가 부여풍과
임존성에서 끊겼던 역사의 숨결
다시 이으려 떨쳐 일어나
아직 끝난 것 아님을 보여줬다

하지만 그날로 역사는
천오백 년 잘린 것이었다
산 사람은 말할 것도 없이
죽은 사람까지 숨죽여야 했다
머리카락 보일까 꼭꼭 숨었다

아직 끝난 건 아니었다
사람을 사랑한 웅녀가
두 아이 겨드랑이에 끼고
고마나루에 몸 던진 단심丹心 있어
웅진은 공주로 다시 깨어나고 있다

고마나루

나루 너머 제비꼬리 뫼에서
곰 한 마리가 새끼 둘을
겨드랑이에 아슬아슬하게 끼고
손바닥이 발바닥 되도록
뛰며 구르며 내려옵니다

님이여 그 강을 건너지 마소서
님이여 제발 그 강을 넘지 마세요
외침은 말이 되지 못하고
바람을 울리고 강물마저 떨게 하는
부르짖음으로 젖었습니다

님은 부지런히 노만 저었습니다
님은 야속한 님은 뒤도 돌아보지 않고
님은 여러 해 함께 살던 그리운 님은
한마디 말도 남기지 않고 도둑처럼
도망쳐 강물 건너 인간 세상으로 넘어갔습니다

곰은 한참 서서 울부짖다가
곰은 그렇게 한 동안 님이여 돌아오라고 하다가
두 아이를 겨드랑이에 끼고 강물로 뛰어들었습니다
한 가득 품은 곰은 강 오가는 사람에게 심술부렸고
사람들은 나루터에서 정성껏 제사지내 달랬습니다

수덕사

덕숭산에 오르지 않으면
수덕사에 온 게 아니다
가파른 산길 이곳저곳
깎아지른 절벽 바위 위에
닦음 터 세운 그 사람들의
그 뜻을 헤아리지 않고선

수덕사에 온 것이 아니다
아무리 만 번 생각해도
몸으로 한 번 행함보다 못하다는
꽉 찬 허공의 말씀
골짜기에 까마귀 노래 타고
울려 퍼지는 것 듣지 않고는

수덕사에 온 게 아니다
수덕여관의 초롱불 아롱거릴 때
애써 찾아온 벗
애써 돌려보내고
애써 덕숭산 꼭대기까지
애써 오르내렸던
한 잎* 사연 알지 못하곤
수덕사에 온 것 절대 아니다

*일엽一葉 스님.
애써 찾아온 벗은
한국 첫 서양화가인
나혜석.

임존성*

일은 끝내 그렇게 끝나게 되었나 보다
사람이 하늘과 땅의 도움으로 쌓은 성도
사람이 사람을 잃으면 하릴없이 무너졌다

하늘의 때를 놓치고
땅의 베풂을 흘려버리고
사람의 마음마저 잃고 나서는
쓰러진 백제 다시 일으켜 세우는 것도
일으켜 세운 나라 길이 보전하는 것도
모두 뜬구름처럼 바람에 흩어졌다

일을 이루는 것도 사람이고
일을 그르치는 것도 사람이라
사람 잘못 만난 민초들만 고생이었다

그날 아무 죄 없이 스러진 넋일까
나뭇잎이 발그레 미소 지으며 손짓하고
산새들이 한바탕 세레나데로 귀짓하고
하늘이 느닷없이 눈물로 펑펑 눈짓하고
한 젊은이 도깨비처럼 나타나 말짓하고
임존성 백제복국운동 기념비도 방긋 얼짓했다

*임존성任存城 : 충남 예산군 봉수산鳳首山에 있는
백제 멸망 후 부흥운동이 일어났던 산성

묘순이 바위

묘순이는 바위가 되고
바위는 큰 옹이가 되어
성벽에 티눈처럼 박였다

<u>스스로</u> 묻고
<u>스스로</u> 깨우치게 하려고
비바람 북풍한설 모두 맞으며
임존성 남문 옆 성벽에 흔들리지 않게 박혔다

엄마 탓만이 아니었다
막둥이 살려 대를 이어야 한다는 생각은
둘 가운데 하나를 골라야 하는 운명에 처한
엄마라면 마땅하고 당연한 판단이었다

엄마 잘못 만은 아니었다
힘장사 남매가 있어서는 안된다는
어처구니없는 법을 만든 사람이 나쁜 놈들이지
그 법을 지켜야 하는 엄마도 희생자였다

힘장사가 왜 꼭 한 사람만 살아야 하는지

남매가 사이에는 왜 꼭 아들이 선택돼야 하는지
모두가 함께 사이좋게 지낼 수는 왜 없는 건지

엄마도 피눈물을 흘렸을 것이다
막둥이를 살리려고 묘순이에게 종콩밥을 주고
종콩밥 먹다 막둥이 돌아오는 것 보고 허겁지겁
바윗돌 들어 올리다 깔려 죽는 것을 본
엄마는 종콩밥이 웬수라는 묘순이의 외침에
엄마는 막둥이와 함께 몸서리치며 서러웠을 것이다

여치

목이 말랐나 보다
막걸리 잔에 문득
여치 한 마리 앉았다
햇살 따가운 가을날 한낮
향기로운 내음에 취했나 보다

맘이 고팠나 보다
손등으로 옮겨 앉아
도망갈 생각을 하지 않는다
손을 뒤집으니 떨어지지 않으려고
여섯 손으로 꽉 잡는다

할 말이 있었나 보다
슬금슬금 여기저기 맛보더니
손등을 살며시 물어 본다

노래 불러도 알아듣지 못하자
몸소 찾아와 입으로 전한다
엄마가 여치로 찾아와 코로나와
더불어 살아갈 지혜 알려준다

파란나라

파란 비탈에 하얀 구름 내려와
연두 빛 향기가 솔솔 피어났다
우뚝 선 나무 사이로 기 오가는 길 열리고
가슴 사연들 따듯하게 이어준 날

날들이 모여 달이 되고
달들이 모여 해가 뜨고
해들이 모여 사랑이 영글었다

사랑이 모여 만든 향기가
녹차를 타고 사람 먹는 동안
살랑 살랑 부는 가을을
코스모스가 재촉했다

무더위 가는 때의 문이
스스로 알아 저절로 열리는 날
넉넉한 삶 고르는 바람이 분다
코로나19 잠재울 사랑풍이다

3장 남도의 향기

사랑

사랑은 백중 보름달
온 누리 은은히 비추고

사랑은 하얀 이슬 해
벼 사과 고개 숙인다

사랑은 음봉 막걸리
삶 시름 텁텁이 풀고

사랑은 천지인 다 함
두 기운 모여 베푼다

사랑은 푸근 엄마 품
얽힌 실타래 포옹하고

사랑은 마주 보는 밤
지친 하루 포근히 싼다

사랑은 넉넉한 비움
당신 먼져 실천하고

사랑은 옅은 목화 꽃
북풍한설 이길 옷 짓는다

해인사

그대 바다에 새겨진
삼라만상의 모습 보았는가

그 참된 모습을 보고
말로는 설명하기 쉽지 않아
팔만사천 자로 애틋하게 남겨놓은
그 숨결 느꼈는가

상왕 중향衆香 우두牛頭로
이름은 달라도 봉우리는 하나이듯
가야산 서쪽 자락에 큼지막하게 자리 잡고
하늘과 땅과 사람을 보듬은 뜻 깨달았는가

중생 사랑하는 일곱 부처님이
날마다 산길 오르내리며 마음 닦은 덕에
화마와 전쟁의 잿더미에서 살아나
천년 이어 세계문화유산 되었구나

포도鋪道에 지친 그대
온갖 시름 털어내는 바다도장 들었는가

주왕산

땅 속에 끓는 바위
하늘로 솟고

비 바람 술술 타고
허공에 세워

연화봉 시루봉이
빼앗은 눈길

천둥이 질주하고
둥지 지은 학

용들의 절구질에
회오리 구멍

주왕 피난 오기 전
선녀 목욕 터

천지인 힘 합하니
감동한 세계
모과상 유문암 꽃
맛있는 사과

국제 명성 얻으니
높은 애향가

주산지

밉지 않았다
만날 때마다 다른 모습으로
처음 보는 것처럼 다가오는 그대

그대의 변신은 무죄였다
그대의 변심은 사랑이었다
그대의 변화는 나아감이었다

끝없는 숲 속 길을
가도 가도 이어지는 골짜기를
걷고 넘고 지나서야 겨우 다다르는 곳

거추장스러운 것 모두 내려놓고
오로지 비워 가벼워진 몸과 마음으로만
신선이 되고 사람답게 살 수 있는 곳

삼백 년 동안 한 번도 마르지 않은
주왕산 깊은 자락에 숨어 철 따라
바뀌는 요술을 배워 바람 타고 나타난 그대

갈 때마다 숨길 것 숨기고
심드렁한 것만 보여주는 그대
그대의 무심은 사랑이었다

우포늪

우포늪에 서면 겸손해진다
모퉁이를 돌면 끝이겠거니 하는 짐작이
자꾸 자꾸 빗나갈 만큼 넓은 호수에 놀라고
왜 이제야 왔느냐고 따지는 듯 꽥꽥거리고
지금이라도 왔으니 반긴다는 듯 삑삑거리고
네가 오든 말든 나는 물고기 잡아먹는 게
중요하다는 듯 소리도 움직임도 없이
서서 참선하는 듯 물속에서 조용히 서 있는
부산함과 조용함의 화합에 또 놀란다

우포늪은 살아있음의 경연장이다
산을 집어삼킨 물이 시치미를 떼고 있는 곳에
텀벙텀벙 대는 소리가 끊이지 않는다
수달이 물고기를 낚아채는 삶과 죽음이 섞이고
하얀 꽃 피워 겨울을 재촉하는 억새가
지난봄에 떠난 고니와 재두루미를 기다리고
멸종됐던 따오기도 중국에서 선물 받은
두 쌍으로 쑥쑥 불어나고 있다

우포늪은 살림의 터전이다

1억4000만 년 전 한머리 처음 생길 때부터
땅에 커다란 숨구멍 뚫어 플랑크톤 키워
물고기 곤충과 새, 동물들을 떼로 먹였다
여름엔 남쪽에서 겨울엔 북쪽에서 나그네
철새들이 찾아오는 고향의 고향,
사람의 욕심으로 사라진 유전늪 교훈삼아
우리 앞선 조상 대대로만큼 후손 대대로
행복하게 살아갈 삶의 고향이다

가야소녀 송현이

역사는 글자로 기록된 것만이 아니다
말은 하지 못해도
스스로 기록할 수는 없어도
누군가 대신 써주지 않아도
온몸으로 있는 것 그대로 보여주는
생생한 역사가 펼쳐진다

송. 현. 이.
열여섯 이팔청춘 가야소녀는
이도령과 한창 사랑을 속삭일 나이에
천오백년 전 그날 비화非火가야에서
일어난 일 온 몸으로 증거 하려고
살은 흙으로 바뀌고 뼈는 그대로 남아
시간 건너뛰어 되살아났다

창녕군 목마산 기슭에 자리 잡은
교동과 송현동 고분에서
일제강점기 때 야만적인 도굴과 약탈을 피해
고스란히 살아남았다
일제가 그날 저지른 만행을 고발하고

비화가야 때 저질러진 순장을 경고하려는 듯

153.5cm 키의 송현이는
그날 웃으며 죽었을 것이다
아주 먼 옛날엔 주인 따라 죽어
함께 묻히는 순장殉葬이 있었다는 것
알려주려 썩어 없어지는 것 막았을 것이다
물이 스며들고 곰팡이가 집요하게 파고드는 것
굳센 뜻으로 견뎌냈을 것이다

역사는 글자로 쓰인 것만이 아니라
누군가 대신 기록하지 않아도
스스로 전할 수 있다는 것
박테리아도 이겨낸 굳센 뜻으로
알려주고 있다

유엔기념공원

물음표 크게 그렸다
부산 유엔기념공원에서
이천 삼백 아홉 분들은
왜?
여기서?
잠들어 계실까?

밀려오는 추위
사무치는 외로움
코앞까지 다가온 두려움
영원히 씻지 못할 그리움
달래지 못하고

생전 들어보지 못한
코리아라는 낯선 땅에서
오로지 자유와 평화와 인권을 위해
오직 하나뿐인 목숨마저 바치신
사만 팔백 열다섯 분의
얼이여!
넋이여!
님들은 우리를 가르쳐 줍니다
좋은 하나엔 누군가의 희생이 있다는 것

님들은 우리를 깨닫게 합니다
대비하지 않으면 목숨 내놓아야 한다는 것
님들은 우리를 채찍질 합니다
목숨으로 지킨 자유 평화 인권 꽃피우라고

열일곱 가장 어렸던 도은트 병사는
도은트 물길 따라 우리들 가슴으로 흐르고
11개국 무명용사들은 11개의 물계단과
11개의 분수대와 11개의 소나무에서
우리들에게 살아갈 길을 알려 주고

우리의 가슴에
님들의 이름을 사랑으로 새기고
우리의 조국에
님들의 이름을 감사로 새겼다
둥그런 물 쟁반에 꺼지지 않는 불꽃에

연꽃이 자라던 큰 연못이 있었던
대연大淵동에 부산시민들의 쉼터로 거듭난
유엔기념공원에서 물음표 크게 그렸다

표충비 향나무

향나무가 위로 크지 않고
이층 삼층 층층을 이뤄
가지가지가 옆으로 향을 피운다

깊은 산 속에 틀어 앉아
외롭게 도통한 부처가 되는 것보다
속세에서 중생들과 함께 어울리고
민초들의 고통을 몸과 맘으로 나누며
살고 간 그 분의 뜻을 같이 기리려는 듯

위로만 치달으려는 원가지를 잘라
곁가지가 땅과 평등하게 키 재기 하며
위와 밖에서 밀려오는 재난 막아주는
따듯한 녹색우산이 되고 있다

나라에 큰 일이 생겨 백성이 힘들어질 때
땀을 뻘뻘 흘리며 그 조짐을 알려주는
사명대사의 얼과 넋이 그대로 살아 있다

광안리 해수욕장

왜놈 장군을 끌어안고
오륙도 앞바다에서 순국한
의기 두 명의 숨결이 살아있는
이기대二妓臺에서 유명희 장관의
WTO 사무총장 당선을 믿는*
연을 하늘 높이 날리고

새벽집에서 시락국밥
맛있게 후다닥 해치운 뒤
널찍한 백사장 툭 트인 하늘
걸려있는 광안대교 위로
코로나19 물리치는
연 정성 듬뿍 담아 올렸다

경자년 봄 여름 가을 겨울 훔쳐간
코로나 말끔하게 물리치고
세계무역으로 우뚝 선 한국
WTO로 더욱 훨훨 날라고
비 온 뒤 땅 더욱 굳어지라고
동서로 나뉜 나라 하나 되라고
끊어진 허리 탄탄하게 이어지라고

*유명희 통상교섭본부장 (장관급)은 2021년 2월 5일 아섭게도 WTO 사무총장 후보에서 사퇴했다.

낙죽장

화마火魔는 스승이었네
스물아홉 해 동안 욕심으로 쌓았던 것
한 새벽에 어찌 손 써 볼 새도 없이 모조리
공空으로 만들어 놓고 이제 어쩔 것이냐고 미소지었네

조계산 아래 송광사에서 새벽부터 밤늦게까지
갈고 닦았던 결정체들 텅 비우고
산 넘고 물 건너 계심헌에 자리 잡은 지 12년
거듭난 마음은 새 옷 입고 부르는 노래로
글씨 솜씨 맘씨가 하나로 조화된 작품은
텅 빈 충만에서 빛의 세계로 빗에서 빛으로
빛과 하나 되어 흥겨워라로
삼 씨가 하나 되어 꽃 피우네

천당도 내 마음이 만들고 지옥도 내 욕심이 짓는 것
피땀 흘려 낳은 자식들 불구덩이에서 살려내지 못한 한恨
허 허 참 동그라미 세 개로 털어내니
매임 없이 놓는 낙烙이 사는 즐거움 되었네

잘못된 것은 내 탓이라 잘못했습니다 반성하고

잘 되는 것은 남의 덕분이라 감사합니다 고마워하니

달걀보다 닭이 먼저라는 깨침이

어리석음 깨는 침 되어 망일봉을 비추네*

*망일봉望日峰, 650m : 국가무형문화재 31호
김기찬金基燦, 67세 낙죽장烙竹匠이 작품 활동을 하는
전남 보성군 문덕면의 서재필기념공원휴게소 동남쪽에
있는 산.

운주사

짐 하나 내려놓았다
천 년 천 불 천 탑 서려있는
운주사 누운 부처 앞에

티 하나 벗어 놓았다
거북이 등에 세워진
오층 칠층 석탑 밑에

미움 하나 던져 놓았다
도선국사 밤 새워 불탑 세운
불사바위 위에

꿈 하나 고이 간직했다
일곱 별 반짝반짝 빛나는
칠성바위에서 주운 꿈

희망 하나 깊게 심었다
파란 한글날 하늘로 솟아 오른
비룡이 머금은 여의주 속에

순천만습지

바람이 바람과 함께
바람을 만들었다

하늘의 뜻에 맞춰
땅의 주름에 따라

보이는 게 다가 아니었다
하루 종일 가을걷이 하느라
벌겋게 익은 해
내일 맞으러 서쪽 산
살짝 넘었다

목화솜인 듯
새 가슴 털인 듯
엄마 맘 듬뿍 담은
백설기 눈발인 듯

바람은 갈대 몸으로 왔다
갈대는 억새와 가을 겨루고
귀뚜리는 쓰르라미와 사귀었다

선암사

선암사는 사랑이어라
처음 찾는 사람들 서먹하지 말라고
아름드리나무와 하늘이 맘을 모아
하트를 만들고 무지개다리로 이끌었어라

선암사는 살음이어라
길쭉한 달걀 닮은 연못에 비춰
뭇 감이 일정하지 않고 나라고 할 만한 법이 없으며
이를 알면 고요한 열반에 든다는 깨달음이어라*

선암사는 꽃이어라
겨울 뚫고 발갛게 피는 홍매화와
여름 지나 하얗게 여는 은목서가
눈을 뺏기고 코를 베가는 달콤함이어라

선암사는 곧음과 굽힘이어라
같은 뿌리에서 돋아나
한 줄기는 곧게 하늘로 자라고
한 줄기는 누워 땅과 키를 맞추는 배려이어라

선암사는 느긋함이어라

샨 뒤*가 남아 쿠린 미소를 띠게 하고

음양을 아는 잉어 두 마리

삶을 곱씹어 보라며 발걸음 잡음이어라

*선암사 입구에 있는 삼인당三印塘은 달걀모양을 한
독특한 연못이다. 삼법인은 제행무상諸行無常
제법무아諸法無我 열반적정涅槃寂靜을 가리킨다.
*샨뒤 : '뒷간'의 옛 한글 자모.

낙안읍성

역사는 지나가 죽은 게 아니다
그때 이곳에서 치열하게 살았던
사람들은 저곳으로 떠났지만
물도 흐르고 풀 나무도 스러졌지만
역사는 여전히 숨결로 살아 있다

현재는 멈춰 있는 게 아니다
그날 이곳에서 왜구에 맞서 싸운
백제 고려 조선 사람들 얼과 넋
천년 은행나무에 짹짹 참새에
살아 올 날과 이어준다

미래는 고정돼 있는 게 아니다
동녘 하늘 발갛게 불사르며 뜨는
햇살 받아 은목서 금목서 향기
고을 전체에 고루 퍼지듯
어제 오늘 버무려 힘찬 내일 연다

금성산성*

그날 단풍도 이리 고왔을까
우금치 피눈물 이곳에 묻고
웅거할 때 곱던 나뭇잎 하나 둘
떨어져 온 산 하얗게 눈 덮이고

굶주림 떠는 부하 먹이려
민가에 내려가 식량 구한 녹두장군
현상금에 눈 먼 옛 부하 김경천
밀고로 큰 뜻 부러졌구나

그 한을 그대로 머금어
트고 피고 물들어 지고
까마귀 울음 벗 삼아
높새바람이 그날처럼 쏟아진다

*금성산성 : 전남 담양과 전북 순창의 경계에 있다.

화순적벽

옹성산 달 그림자 적벽강 드리우니
동복호同福湖 절경이라 주유周瑜도 울고 갈 판
빛 고을 먹을 물 위해 통행제한 아쉬움

노루목 알메마을 수장된 아픈 사연
열다섯 망향주민 망향정을 지어놓고
사라진 마을의 추억 한번 달랜 그리움

시루봉 붉은 바위 망향한 토해내나
담쟁이 단풍들어 운치를 더해주듯
좋은 복 함께 나누는 대동사회 부푼 꿈

송광사

보채지 마라
모두 때가 되면 인연의 끈 이어져
저절로 발길 이르게 되니

경자년 가을에 문득 길이 열렸다
가을바람에 벼이삭 고개 숙이듯
서남쪽 끝으로 마음이 달려갔다

서둘지 마라
마음이 발보다 앞서면
길이 발과 어긋나니

여행은
촘촘하게 짠 시간표가 아니다
바람에 물결 흐르듯 부르는 대로 가는 것

보채고 서둘러라
해와 달은 하루도 쉬지 않고 떴다 지나니
오는 날 하겠다는 건 하나도 못하는 것이다

송광사 국사전

궁금한 것은 기어이 풀어야 했다
송광사 지도를 뒤져 있는 곳을
여러 번 확인했는데도
보일 듯 말 듯 숨바꼭질 하는 곳을
온 사람이 누군지 빼꼼히 내다보는
구멍을 통해서 가까스로 맞았다

대웅전 마당 한 구석에 있는
약사전과 영산전 뒤로
계단 위에 내려다보며 서 있는
불일문佛日門 왼쪽의
주먹만 한 구멍 덕분에
발로는 갈 수 없는 국사전을

나라의 큰 스님
열여섯 분의 영정이 모셔 있는
국보56호를
눈으로만 보았다
빛과 그늘의 조화로
그 속의 영정은 맛보기만 하고

정면 4칸 모습만 알고

사람 인자 닮은 맞배지붕과

우물 정자 모습 천장과

동갑내기 하사당은 그저

가슴으로만 안타까움 듬뿍 담아

아쉬운 발걸음 돌렸다

담양연가

금성산 고즈넉 길 한숨에 달려올라
너른 땅 굽어보고 하늘을 올려보니
가마골 용소龍沼 샘물 영산강 젖줄 되고
이태조 삼인산三人山서 성몽聖夢꿈꿔 등극했네

서석瑞石에 추월秋月 뜨니 창락죽滄浪竹 돋아나고
빛 고을 백호 되어 왜적 창槍 막아내듯
천년의 깊은 성상 골마다 인재 나고
옛것과 새로운 것 합쳐져 온고지신

성이성成以性 관제방림 이몽룡 미주가효美酒佳肴
봉산鳳山뜰 너른 들판 면앙정俛仰亭 우뚝 솟고
내 건너 송강정松江亭엔 활짝 핀 가사문학
식영정 명옥헌에 그윽한 대숲 향기

물과 빛 돕고 도와 죽순도 푸른 기운
사대부 곧은 절개 권세도 마다하니
가슴엔 제월풍광霽月光風 머리는 박시제중博施濟衆
하늘이 보낸 완인 송순宋純이 오는 걸까

죽록원 눈길 잡고 세쾨이어 발길 잡아
창평 뜰 장독에선 발효장 슬로시티
사람이 중심 되는 참세상 만들듯이
갑오년 농민의 한 술술술 풀리누나

봄에는 금성산성 여름엔 소쇄瀟灑정원
가을은 병풍산에 겨울엔 추월산 눈
봄바람 녹두장군 민심을 이끌듯이
마파람 무등 넘고 내장산 높새바람

철따라 다른 물결 속 깊이 울고 가듯
가을 날 황금들녘 미소도 영그는데
동순창 서장성에 남화순 북정읍이
하나로 어우러져 담양이 동심동락

서석대

시간은 여기서 멈추었다
사람이 상상할 수 없는 길고 긴 동안
쉬지 않고 잠자지 않으며 갈고 닦은
정성이 눈을 키우고 입을 벌리게 했다

해님도 그 노력에 경의 표하려는 듯
동쪽 하늘 발갛게 파노라마 펼쳤다

함께 누리자고 손짓하자
밤 지키느라 하얘진 반달
담날 보자고 눈인사 하고
파란 하늘은 하양구름으로 화답한다

밤새 약* 마신 사람들
독기 내품으며 더 큰 꿈 향해
한 발 한 발 내딛는다

*약 : 막걸리

4장 북 아닌 북의 노래

함정리*

함정리에서 함정에 빠졌다
일제강점기 때 사람들을 강제로 징용해 만든
방공호가 얼마 전에 발견됐다는 소식을 듣고
평택 사시는 원형제 님과 함께 찾아 나섰다가*
같은 길을 몇 차례 빙빙 돌았다

여기저기 전화도 하고
동네 사람들에게 물어본 뒤에도
막다른 골목에 맞닥뜨려 허둥거릴 때
마당에서 가을걷이 끝 마름질 하시던
송○○ 할아버지께서 구세주로 나섰다

앞장 서서 조금 걷다
사람이 떠나 스러진 집 마당을 지나 덤불을 헤치자
귀신의 아가리인 듯 동굴이 나타났다
들고나는 것을 막으려 거부의 몸짓으로 박아놓은
감옥 쇠창살 사이로 검은 바람이 훅 불었다

바다안개로 미군 공습을 피하려
팽성에 해군 비행장을 만들고

부용산 선말산 남산리 등에 땅굴을 파

무기를 숨기고 공습 때마다 대피했던

일제의 치부는 또 한 번 드러났다

*함정리咸井里: 경기도 평택시 팽성읍彭城邑에 있는 마을.
 함등촌咸登村의 함과 경정리鯨井里의 정을 합해 만든
 이름이라고 한다. 함정리라고만 써 놓으니
 함정陷穽리인 듯 착각을 일으켰다.
*원형제: 일제강점기 때 아나키스트로 활동하며 상해
 육삼정 의거로 체포돼 무기형을 선고받고 복역하다
 광복된 뒤 풀려나온 원심창元心昌(1906~1973) 의사의 양자.

제암리 해원가

제암리 고주리 영령들이여!
1919년 4월15일, 잊어선 안 될 그날
개 돼지 만도 못한 일제 군인들에게
총과 칼 맞고 불태워져 돌아가신
스물아홉 분의 얼이시여! 넋이시여!

하세가와 총독 그놈은 사람이 아니었다
대한사람이 대한인의 것을 되찾으려는 것도
대한인의 것 되찾아 사람답게 살아가려는 것도
대한독립만세 외치는 것도 모두 금지시켰다
살인명령도 아무렇지도 않듯 내리고,

아리타 중위 그놈은 천벌 받을 짐승이었다
착하디착한 사람들 교회에 가둬 놓고
문 잠근 채 밖에서 총질 해댔다
어린애만이라도 살려달라고 창문으로
내놓는 아이에 칼질하고 불 지르고,

일제 군인 순사 그놈들은 지옥의 악귀들이었다
수촌리 마을과 교회를 모조리 불사르고

고주리 김흥렬 가족 여섯 명 칼로 목 베었다
태극기 들고 대한독립만세 불렀다고
마을 사람들 모조리 잡아다 고문했다

그날, 절대 잊을 수 없는 1919년 4월 15일, 그날
노블 선교사와 스코필드 박사, 그 사람들이 있어
개 돼지 만도 못한 일제의 만행이 고스란히 드러났다
죽이고, 불 지르고, 산 사람들 입 틀어막았어도
뜻 올바른 그 사람들이 사진 찍고 글로 고발했다

제암리 고주리 스물아홉 영령들이여!
느닷없고 어처구니없는 총질 칼질 불질에
눈도 감지 못한 채 먼 길 떠나신 얼이여! 넋이여!
이제 이곳 고향 뒷동산 유택에서 편히 쉬소서!
일제의 사과와 반성은 우리에게 맡기고, 영생하소서!

수촌교회

경기도 화성시 장안면 수촌리의
수촌교회에는 독특한 게 4가지 있다
1905년에 작성된 생명록生命錄이 첫째요
1907년에 세워진 초가집 예배당이 둘째요
1919년 3.1대한독립만세운동 때 만들어진
만세운동참가 서약서가 셋째다

교회에 다니는 사람들의 이름 주소 나이
가족관계 등을 적어놓은 교적부敎籍簿를
생명록이라 부른 것은 하나님 말씀이 곧
생명이라고 한 가르침을 따른 것,

생명록에는 김응태 전도사가 정창하 집에서
7명과 함께 예배를 본 것이 수촌교회의 시작이요
1919년에 배재학교 학생 차인범의 주도로
만세운동을 한 역사가 고스란히 적혀 있다

생명록은 일제가 1919년 만세운동 보복으로
수촌리 마을 38채와 수촌교회를 불 질렀을 때
교인 김의태가 불타는 자기 집을 제쳐두고

교회로 달려가 불길 속에서 구해낸 것,

생명록이 일제 손으로 넘어갔다면
수촌리 마을 사람 모두가 제암리 이십삼 인처럼
일제 군인이 쏜 총알에 맞고 그놈들이 지른 불에
타죽었을 것이었다 참으로 아찔한 순간,

마지막 넷째는 수촌교회 예배당 교단에 놓인
태극기다 이년 여 전 수촌교회에 초청된
조인연 목사는 이곳에서 100년 전에 일어난
대한독립만세운동을 기리기 위해 놓았다
그분이 있어 일제의 총칼과 방화에 기죽지 않고
대한독립 정신을 꿋꿋하게 지켜왔고 지켜간다

당성

아, 여기였구나
중국에 가는 뱃길 확보하려
신라가 백제 고구려와
피터지게 싸우던 곳

경기도 화성시 서신면 상안리 산31
구봉산 정상을 아우르며 중턱에 쌓은
당항성, 해발 160m 맨 꼭대기에 올라
서해바다와 영흥도 영종도 송도를 본다

이곳 차지하면 중국과 이어지고
이곳 뺏기면 고립되는 전략요충지
이곳에 사는 백성은 고달팠을 것이다
자고 일어나면 주인이 바뀌고

바뀐 주인은 윽박질렀을 것이다
새 세금 내라고 새 질서 따르라고
새 세상에 새롭게 참여하라고

그게 다가 아니었을 것이다

며칠 지나면 전 주인 다시 와
싸움 벌어지면 전쟁터에 끌려 나가
목숨을 잃기도 했을 것이다

그렇다고 부모형제 조상들 뼈 묻힌 곳
버리고 떠날 수도 없는 일,
권력은 그들이 누리고
고생은 백성이 짊어졌을 것이다

화성

나는 오늘 우주인이 되었다
추억열차를 타고 화성에 다녀왔다
장맛비와 태풍바람을 뚫었다

시공간을 거슬러 정조를 만나
역사의 큰 변곡점이었던 바로 그 때
굳이 화성을 건설하고 열세차례나
행행行幸해야 했는지 물었다*

이산은 말이 없었다
할 말이 없었던 것인지
말도 안 되는 것을 물어
질문을 무시한 건지….

2년6개월 동안 37만6000여명과
돈 87만3520냥 곡식 1500석을
투입했다 그렇게 공들여 만든 화성
4년 뒤 갑자기 죽어 써보지도 못했다

청 넘어 일본으로 서양으로 인재

유학시키는데 눈 돌려 힘썼더라면
역사는 확실히 달라졌을 것인데
부질없는 가정법에 하늘이 울었다

아끼고 고이 모셨던 행궁은
일제강점기 때 왜놈들이 도립병원
경찰서 농업시험소 등으로 잘 써 먹었다

*임금이 궁궐 밖으로 거둥하는 것. 백성들에게 행복을 나눠준다는 의미를 가졌다.

방화수류정

무슨 뜻인가 했다
연지곤지 찍고 초례청에 수줍게 선
누나 머리에 곱게 자리한 족두리처럼
아기자기한 지붕을 다소곳이 이고
용이 사는 연못 뒤에 사연 많은
여인인 듯 서 있는 그대 이름
방화수류정

처음 든 생각은 放花水流亭이었다
물 흐르는 위에 꽃 뿌리며 노는 정자
그럴 듯 했지만 어울리지 않는 듯 했다
아름다운 정자이니 더 멋진 이름 있겠지
하다 오늘 드디어 알았다 訪花隨柳亭
꽃을 찾고 버들을 따라 노니는 정자다

두리번거리니 과연 있다
용머리 바위 아래에 용연龍淵이 있고
연못 가장자리에 버드나무가 인사한다
연꽃 봉우리가 곧 피어오를 듯 통통하고
성벽 아래엔 봄에 자줏빛 뽐냈을 철쭉이
이제 알았느냐는 듯 마파람에 살랑댄다
어서 한자 되찾으라는 격려성 채찍이다

죽주산성*

몽고군이 쳐들어왔을 때
송문주 장군은 죽주산성에서
봉황으로 날았다

적이 포를 쏘면 포로 답장하고
적이 불로 공격하면 바람처럼
내달아 적진을 휘저어 버리고
장기 포위전으로 압박하자
고생 많다며 잉어 잡아 보냈다

칠년 전 저 북쪽 구주성에서
박서 김경손 장군과 함께
살리타이 몽고군 이겨낸 자신감으로
두려워하는 백성들 마음 한데 모아
보름 만에 적군 물리쳤다

귀신처럼 밝은 신명으로
나도 살고 백성도 함께 살아
충주 조령 길과 청주 추풍령 길
안전하게 지켜냈다

*죽주산성 : 경기도 안성시 죽산(옛 죽주竹州)면 비봉산에 있는 산성. 삼국시대 때 신라가 북진하면서 처음 쌓은 뒤 고려 고종 23년(1236) 몽고가 침략했을 때 송문주 장군이 백성들과 함께 15일 동안 싸워 물리쳤다.

처인성

길고 짧은 것은 대봐야 안다
누가 이길지는 싸워봐야 안다
수가 적다고 무기가 없다고
훈련이 덜 됐다고 두려워 마라
땅 모양의 이점을 크고 깊게 살리고
사람 마음 하나 되면 반드시 이긴다

1232년 섣달 열엿새, 그날은
김윤후 승장(僧將)과 처인부곡민들
600여명, 살리타이(撒禮塔)가 이끄는
몽고 정예병 수만 명의 인해전술을
물리쳤다 쳐 부셨다 싸워 이겼다

완장천 계곡에 기마병 장애물 쌓고
샘물 길어다 성들을 유리 빙판 만들고
성 뒷산 흙 파다 토성벽 더욱 높였다
환히 비추는 보름달 응원 받으며
사흘 낮밤 쉬지 않았다 쉴 수 없었다

그것은 기적이었다

나 죽어 아들딸 면천(免賤)한다는 꿈

나 죽어 나라와 겨레 살리겠다는 각오

나 죽도록 내버려 두지 않을 것이란 믿음

꿈과 각오와 믿음으로 만들어 낸

세계 전쟁 역사의 빛나는 기적이었다

*처인(處仁)성 전투: 김윤후가 살리타이를 활로 쏘아 죽인 뒤 승리했다. 그 후 처인부곡(處仁部曲)은 처인현이 되었고, 김윤후 승장은 섭랑장으로 승진했다가 21년 뒤인 1353년 12월, 충주산성에서 방호별감으로 몽고군을 다시 물리쳤다.

해월묘

삼십일도 넘게 따가운 해살은 아무것도 아니었다
한낮인데도 초저녁 같은 으스스함도 댈 것 없었다
원적圓寂산 천덕天德봉 기슭 주록走鹿리 고시랑골

사람 손길 닿기 힘든 깊은 산골짜기 좋은 터
조마조마 오르니 최해월 묘 주인답게 자리했다
열두 살의 가난한 고아, 사람이 사람답게 사는 세상
사람을 한울님처럼 섬기는 세상 하늘과 사람과 만물
모두 똑같게 공경하는 세상 만드는 데 한 삶 보냈다

어지러운 나라에선 사람답게 사는 것도 큰 죄
민초 등치는 탐관오리 때려잡는 것은 역적죄
수그리는 대신 고개 드는 것도 커다란 사형죄
사람 주장한 죄, 좌포도청에서 교수형 당했다

광희문 밖에 버려진 시신도 수습하지 말라
시퍼렇게 부릅뜬 눈들 뚫은 그 사람들 있어
사슴 뛰노는 산속에 사람 피해 밤에 숨었다

반룡송 蟠龍松*

묻지 말게나 내 나이
나라 크게 일으킬 그 사람
기다리며 서려 있는 것이 내 할 일

한 해 온 해 즈믄 해 바뀔 때마다
사람 수없이 오가고 바뀜 많았지만
그 사람 아직 오지 않았다
천 년 넘게 살았어도 헛될 뿐
만 년 살기보다 그 사람 오는 게 좋다

불 아래 물 있어 어긋나도
함께 해도 다름 잃지 않아
나쁜 사람도 기꺼이 만나니
허물없지만 아직 끝을 알지 못한다

나를 울타리 치지 마라
나를 떠받치지 마라
내 나이 묻지 마라

*반룡송: 경기도 이천시 백사면 도립리 201-11 어산마을에 있다. 천연기념물 381호. 도선道詵이 나라 일으키는 큰 사람 날 곳이라며 심은 소나무라는 전설이 내려온다.

남한산성의 꿈

남한산성에서 꿈을 꾼다
이천년 넘게 잠들어 있는
그 사람들 어떻게 살았는지
알아보려 오염된 기록 넘어
생생한 삶 찾아 나선다

남한산성에서 꿈을 본다
물처럼 구름처럼 바람처럼
쉬지 않고 흘러가는 시간 공격에
가물가물해지는 진리 맞으러
물집 잡힌 발로 꿈 가꾼다

남한산성에서 꿈 키운다
병자호란 이후 강요되고 있는
역사우울증 말끔히 씻어내는 꿈
눈에 보이지 않는 것 밝게 보는 꿈
해돋이에 솟고 해넘이에 익는 꿈

잠들어야 꿈을 보고
잠 깨 일어나야 꿈을 꾼다
인조가 온조에게 회초리 맞는 꿈
배달이 21세기 문화강국 우뚝 서는 꿈
남한산성에서 꿈꾸고 그 꿈 현실 된다

서울과 개성 사이

이랬을 것이다
먼지 한 알도 없이 깨끗한 하늘
단군 할아버지 나라 세웠을 때
인수봉 백운대가 손가락 끝에 걸리고
안산 인왕산 너머로 개성 송악산까지
스물 눈에 가득하게 다가왔을 것이다

올 때마다 맛이 다르다
한울님이 펼치는 연주봉 옹성 해돋이
까만 먹구름에 금싸라기 살살 뿌리는 맛
산들바람이 구름 밀어내며 색색구름에
열 입이 하나가 된다

쌀가루 흩날리는 동짓날
물안개 피어나는 첫가을
들꽃 흐드러지는 새봄 날
소나기 듣는 무더위 여름

물 폭탄 퍼부은 다음날
코로나19로 맑아진 공기
서울과 개성 새록새록
가까이 잡아당겼다

이세화*

해와 달은 무엇이었을까
삶과 죽음은 누가 정했을까
죽음과 사는 게 비슷할 때
삶 구걸하느니 깨끗하게 죽음 골랐다

아홉 번 죽어도 한 번 사는 것
그것이 바로 사는 길
살려고 바동거리면 끝내 죽는 것
그것이 바로 죽는 길

이세화는 알았다
죽어야 산다는 걸
살려다간 모두 죽는다는 걸
삶과 죽음은 하나란 걸

살리타이는 몰랐다
힘이 모든 것 해결하지 못한다는 걸
오만은 죽음이란 걸
칼이 사람 못 이긴다는 걸

이기고 지는 건
싸우기에 앞서 정해졌다
모르는 건 미련한 놈들 뿐
길 얻은 사람은 모두 알았다

남한산성이 살아난다
병자호란에 갇혀 치욕의 장소라고만 여겨지던
남한산성이 승리의 역사로 되살아난다

남한산성을 부끄러운 곳이라고 하는 놈에게
이세화 장군 아느냐고 물어보라
1232년 11월부터 달포 동안
몽고군 정신 쏙 빼는 능수능란한 전략전술로
성 지키고 한강 수로를 확보했다

이세화 당신이 있어
고려 호락호락하지 않다는 것
침략군 반드시 물리친다는 것
확실하게 보여주었다
이세화 당신이 있어
역사우울증에 걸려 있는 남한산성
불명예 말끔하게 씻었다

이세화 당신이 있어
김하락 이천 의병의 멋진 승리
유네스코 문화유산 걸머줘었다

*이세화 : 고려 문신으로 1232년(고종 19) 광주廣州
 안무사로 남한산성에서 몽고 침입을 격퇴했다. 이후
 1237년에는 간의諫議로서 출진해 청주산성을 지켰다.

덕수궁

덕수궁에 바람이 분다
긴긴 장마와 불볕 무더위 몰고
코로나19 불청객 한꺼번에 쓸어
한강물에 풍덩 빠뜨릴 바람이
인왕산 너머 가을 가득 안고
시마時馬 타고 온다

덕수궁에 새 바람이 인다
총칼로 황제 자리 빼앗고
경운궁에 불 질러 분시焚弑하려다
마침내 청산가리로 독시毒弑해
나라 빼앗았던 일제를 날려버릴
새 바람이 불쑥불쑥 인다

아무리 모진 북풍한설도
때가 되면 봄을 거역하지 못하고
제 아무리 캄캄한 밤도
새벽에 자리 내 주어야 한다
달도 차면 기울고
물이 바람을 만나면 너울이 되는 법

덕수궁에 바람이 가득하다
울음을 웃음으로 바꾸는 바람
불행을 행복으로 전하는 바람
갈등을 조화로 뒤바꾸는 바람
분단을 통일로 만드는 바람이
아픈 틈, 틈 틈에 차곡차곡 바람이다

창덕궁 후원

그때도 이렇게 밝겠을까
그리움 이루려 한 그날 단풍
이리도 고와서 아프게 붉었을까

한 잔 술에 노론 벽파 시름 덜어
부용지 섬에 유배 보내는 가을 걱정,
추수秋愁가 만천명월주인옹의 가슴 물들였을까

그 사람 떠난 자리
파란 세월 이끼도 물드는 날
붉은 가을에 화들짝 놀란 새
회초리 되어 겨울로 내리는데

예쁜 꽃 빨리 지고 좋은 사람 서둘러 가니
복 듬뿍 쌓은 집집마다 틀림없이 경사 올까
안동김가 풍양조가 권력다툼 속에
백성 살림은 나날이 시궁창으로 빠지는데

봄 꽃 이어받은 여름 녹음이
가을 단풍과 겨울 흰 눈 맞을 준비하는 건

돌 다듬어 늙지 않는 문 만드는 것보다
훨씬 건강하게 오래 사는 당연한 이치인데

아둔한 눈에는 녹음만 들리고
미련한 귀에는 매미 울음만 보이고
귀찮은 맘에는 사심邪心만 그득하다

경복궁 건청궁

보슬비 내린다 건청궁 곤녕합에
을미년 실 되어 나풀나풀 거린다
꾸미의 넋 눈물 되어 뿌리는가
백악산 봉우리에 문득 흰 구름 걸렸다
백이십오 년 흘렀어도 눈감지 못하는 혼 왔을까

1895년 을미년 10월8일 새벽
일제는 사람이 할 수 없는 일 저질렀다
미야모토 소위 군도軍刀로 명성왕후 절명시키고
깡패들 시신 난도질해 연못에 던졌다가
불에 태워 묻었다 증거 없애기 위해

그날 새벽 어린 왕자 공포에 떨었고
고종 총칼 앞에 무너졌고 별 빛 잃었다
하늘 맑은 건청궁 땅 편안한 침실에서
조선 후기 유일한 남자 명성왕후
죽음의 존엄성마저 짓밟혔다

뜻 있는 사람은 일을 이루게 마련
몸 보이지 않아도 얼과 넋 그대로 살아

이천만 백성 국모 복수 의병의 불길로
목숨 건 아관망명으로 대한제국으로 부활했다
죽음으로 약해진 배달정신 되살렸다

군인이 비무장 민간인을 공격하는 건 전쟁범죄고
국가원수와 그 가족에 대한 범죄는 소멸시효가 없다
시간 아무리 흘러도 형사 처벌할 수 있는 세상,
보슬비 내리는 건청궁에서 일제의 을미왜변 책임
잊지 않고 굳세게 묻는다 일본에 역사에

도라산역

도라산역은 늘 아프다
봄날 들꽃 흐드러질 때는
봐 줄 사람이 없어 아프고
가을 억새 하얗게 산들거릴 땐
함께 월동 준비할 이 없어 아프다

도라산역은 늘 애달프다
부인 낙랑공주가 지어 준 암자에 올라
멀리 서라벌을 바라보며 눈물짓던 경순왕의
한이 어렸음일까
고추 빨갛게 익히는 가을볕마저 애달프다

남으로 느긋하게 56km 달리면 서울
북으로 좀 서둘러 205km 쏘면 평양
하늘 길 마음대로 오가는 기러기라면
하루에도 몇 번씩 오갈 수 있는 곳
물길 거세게 헤엄치는 물고기라도
가람 바다 거치면 금세 왔다 가는 곳

서울에서 기차타고 북으로 달리면

이곳 지나 유럽까지 갈 수 있다는
설렘에 부풀었던 희망은 일장춘몽이어서
꼼꼼한 터다지기 하지 않고
튼튼한 기둥 없이 지은 사상누각이어서

올 때마다 아프다
갈 때마다 애달프다
바라볼 때마다 쓰라리다

태릉

욕심이 부른 참사였다
이름이 실제와 같지 않은 게 비극이었다

사람은 죽어 이름을 남긴다
좋은 이름인지 나쁜 이름인지는
그가 살아서 한 행동이 결정하는데
돈과 권력의 욕심이란 함정에 빠진
자들은 그 쉬운 이치를 모른다

양지를 분수에 맞지 않게 지향하다
음지로 뜻하지 않게 떨어진 사람들
가을 넘어가는 석양에 부르르 떤다
어거지는 어거지로 벌 받고
비양심은 비양심으로 이자 붙여 받는 것

낫 놓고 ㄱ자도 모르는 아이도 아는데
지식의 노예가 된 허깨비들은
까맣게 몰라 손가락질 받는다

가을이 넘어간다
은행 잎 노랑 저고리 입고
애기단풍 잎 빨간 치마 두르고
솔밭 사이로 난 길 넘어가는
햇님 따라 가을이 익어간다

꼬꼬농장

닭은 사람이 반가운 것이었다
파주 덕진산성 옆 꼬꼬농장에서
수탉이 높고 길게 환영가를 불렀다

황금들녘 가을걷이 하느라 힘들었던
해가 하품 하며 서녘하늘로 쉬러가고
낮 동안 함께 했던 사람들도 문 닫고
퇴근하려고 발걸음 종종거릴 때

좀 더 있어달라고
좀 더 자기들의 밤 두려움 이겨낼 힘 달라고
좀 더 다음날 일찍 오라고

수탉은 소리 높여 하소연하고
암탉은 유정란 만들어준 수탉 믿는다고
날개 푸드덕거리며 열심히 모이 쫄 때
무심한 민통선에 어둠이 깔렸다

쫓고 쫓기는 밤이 길게 지나가고
사람은 느긋하고 해는 야속하게 빨랐다

덕진산성*

들국화가 꿀벌을 유혹하고 있었다
여기서 노란 향기로 바뀜 없이 있으니
달콤한 꿀 듬뿍 먹고 불끈 힘내서
마파람 높새바람 타고 사람들에게
뜸해진 발 길 다시 하라 전해달라며
임진강 옆 덕진산에서 절규하고 있었다

바로 앞 초평도草坪島에 누런 벼이삭 출렁이고
조금 먼 북한군 쥐피 도깨비 뿔 훌훌 풀어 헤쳐
문득 날아올라 금세 닿을 듯 눈에 잡히는 송악산
새처럼 들짐승처럼 멋대로 오갈 수 있는 날
어서 갖고 오라고 시린 하늘에 호소하고 있었다

이곳에서 싸우다 죽은 백제 병사는 큰기러기 되고
부모자식 그리워하던 고구려 군사는 재두루미 되고
당나라 군대 몰아내다 전사한 신라군은 독수리 되고
자유 위해 훨훨 귀천한 학도병은 파랑새 되어 날라고
일흔 해 동안 끊겼던 사람 길 다시 열라고
들국화가 노랗게 꿀벌을 다독이고 있었다

*경기도 파주시 군내면 정자리 민통선(민간인통제구역) 안에 있는 고구려 산성.

수락산

산은 오를 때마다 힘들다
밥은 매일 먹어도 배고프다
잠은 밤마다 자도 졸리다
사람은 만날 때마다 새롭다

별 다를 거 없을 듯해도
서른넷 가리키는 수은주
뭐 있을까 애써 무시해도
올라보면 그냥 안다

뭐가 좋은지
끈적끈적한 잠자리 떨친 게
정말 잘 했다는 거
움직여야 바뀐다는 거

스무 해 건너뛰어도
있는 건 마찬가지다
손잡은 얼굴 그때와 달라도
따듯한 누리 만들자는 맘은

바뀜 없이 하나다
기댈 것 없는 너른 바다
귀여운 고래와 얘기하며 넘을 때
거인의 발자국 다음 날 기약한다

불곡산

한겨울에 동남풍이 불었다
양주시에 있는 불곡산 상봉에서
번개 맞고도 살아온 일곱 명의
불사신이 견뎠던 현장을 보러
자유인의 특권을 또 발휘했다

밤사이에 내린 싸락눈이
며칠 전에 온 눈 위에
소금인 듯 염화칼슘인 듯
잔잔하게 뿌려진 오르막길을
혼자서 사뿐사뿐 올랐다
마스크를 쓰지 않아도 되니
맑은 산소를 듬뿍듬뿍 마시며

상봉은 상상보다 훨씬 무서웠다
거대한 바위 덩어리에 계단을 놓아
겁도 없이 성큼성큼 올라갔다가
내려올 때는 엉금엉금 기었다
못 신 없는 등산화의 시련은 약과였다

폭포처럼 쏟아지는 장대비와

죽음과 삶을 오고 간 번개로

사시나무처럼 떨었던 그해 여름

부활의 추억에 비한다면

임꺽정봉 지나 온 북풍한설이

절벽으로 미끄러질 듯 위협하는 것은

오뉴월 가뭄 해갈할 동남풍이었다

*불곡산佛谷山 : 경기도 양주시 유양동과 백석읍에 걸쳐 있는 산. 해발 470.7m. 불국산佛國山이라고도 불리며 양주의 진산이다.

우통수 于筒水

그대 우통수를 아시나요
강원도 평창군 진부면 동산리
오대산 서대 수정암에서 60m,
해발 1200m에 자리 잡은 우물 샘

그대 우통수 들어보셨나요
한강이 흐르기 시작하는 발원지
여기서 나온 물이 한강 한가운데
흘러 한중수 漢中水 강심수 江心水 된 사연

가물어도 마르지 않고 향기롭게
쉬지 않고 수천 년 흐르고 흘러
오대산서대수정암중창기 세종실록지리지
신증동국여지승람 증보문헌비고 등에서
한강 발원지로 인정했던 우통수
일제 역사지우기 여기에도 있다
조선총독부 임시토지조사국에서
삼척시 하장면이라고 왜곡했다

한강 발원지는 검룡소라고

그대 배우고 알고 있나요
물은 하늘에서 받은 정기
땅에서 생명수로 뿜어내는 것

물줄기 처음 시작하는 곳은
먼 데가 아니라 높은 데라는 것
한강 발원지는 우통수라는 것
그대 대낮처럼 밝아졌나요

북한강

잔잔한 강물 위로 바람이 불어
가지런히 놓인 맘 물결이 인다

일월日月의 여왕 오월 꽃들이 지고
찔레 꽃 추억 향기 녹음이 짙어

점심 먹거리 찾는 개미와 백로
먼 산 위 까마귀 푸른 수 놓네

미루나무 한 그루 사색에 잠겨
건너편 농가 수탉 꼬드기는 듯

정 다산과 김 추사 오르내린 길
은은히 들려오는 수종사 독경讀經

5장 중을 지켜야 나라가 산다

독립기념관

목천 흑성산 아래 우뚝 솟아
홀로 참된 정기 불끈 세우니
바람과 눈이 어찌 감히 어지럽히랴
대한민국 나날이 새로워지고 있는데

하루도 끊임없이 오가는 발걸음
문득 멈추고 독립기념관에 가보자
영남과 호남을 잇는 천안삼거리에서
동쪽으로 조금만 가면 만날 수 있는 곳

갑오년 늦가을 그날
왜놈을 무찌르고 나라를 구하자고 일어난
동학농민군들이 살인기계 왜적들에게 쓰러져
시체가 산이 되도록 쌓인 세성산에서 가까운 곳

그 옆에는 이동녕 상해임시정부 주석 생가가 있고
그 옆에는 우리의 영원한 누나 유관순 사당이 있고
그 옆에는 박문수 홍대용이 살던 유서 깊은 고향인 곳
이 모든 것을 아울러 자주독립을 일깨우는 독립기념관

이곳엔 나라위해 몸 받친 분들이 남긴 어록비가 있고
이곳엔 봉오동 청산리전투의 빛나는 승전물들이 있고
이곳엔 일제강점의 상징물인 조선총독부 잔해가 있는
독립기념관에 가자

가서 잊혀가는 그분들의 얼을 되살리고
가서 자유민주대한의 정신을 되 깨닫고
가서 늦어지는 남북통일을 앞당기자고 다짐하자

부용대*

내가 너를 보면 한 떨기 연꽃이고
네가 나를 보면 갓 피어난 부용이다

낙동강 물 회회 돌며 깎다, 깎다, 깎다
다 깎지 못하고 예순넷 높이 절벽으로
다시 처음으로 돌아가는 뜻 알려주었다

새벽엔 아침 햇살 고스란히 받아
섶 다리 너머 물돌마을에 돌려주고
저녁엔 고운 노을 아쉬움에 담아
그 말 사람들 가슴에 새기었다

오르는 사람만 깨닫는 그 뜻
임진년 왜놈침략 참혹하게 겪고도
반성하지 못한 선조와 기득 권력층
정신 차리라고 네 허리에서
촛불 다 꺼지도록 쓰고 썼어도

때 될 때까지는 헛된 것이었다
조급 떨어도 될 일이 아니었다

욕심덩어리에 짓눌려 사는 놈들은
쫄딱 망해 봐야 아는 아픔이었다

해와 달 끊임없이 떴다 지고
낙동강 물 하회마을 셀 수 없이
휘돌아 나가고 넘치고 흘러도

내가 너를 보면 갓 피어난 부용이고
네가 나를 보면 한 떨기 연꽃이다

*경북 안동시에 있는 하회마을에서 낙동간 건너편에 있는 절벽바위.

서당과 서원

퇴계 이황은 도산서원을 세우지 않았고
서애 류성룡은 병산서원을 건립하지 않았다

퇴계가 한 것은 도산서당을 만든 것
서애가 한 것은 병산서당을 가꾼 것

퇴계와 서애는 서당 만들어
후학을 가르치는 데 힘썼지만
퇴계와 서애의 후학들은 뭘 배웠는지
서당을 서원으로 바꿔
퇴계와 서애를 떠받드는 데만 힘썼다

배우려는 뜻과 자세만 있으면
차별하지 않고 가르쳤던 공자는 잃고
옳고 그름을 명확하게 가르던
퇴계와 서애는 온 데 간 데 없고
내 편 네 편만 가르는 소인배들이 들끓었다

퇴계와 서애가 한 것은 서당 세워
수기치인 멸사봉공하라 가르친 것

퇴계와 서애에게 배운 후학들이 한 것은
패거리 만들어 흑백 이데올로기 맹신한 것

통일나무

통일나무가 자란다
봉황이 머물렀던 봉정사에
키와 나이와 몸무게가 다른
느티나무들이 서로 뿌리를 나눠
하나 된 나무로 자란다

하나 가운데 여러 개 있고
많은 것은 곧 하나임을 알려주며
막힌 머리와 딱딱한 가슴과
좁아진 마음을 한꺼번에 깨뜨리는
망치가 되어 쑥쑥 큰다

여럿이던 우리가
뜻을 한 곳으로 모아
다르면서도 하나로 살 듯
본디 하나였던 너희들도
이제 하나로 돌아가라고

하나 되어
다른 것 수두룩하게 품으라고
온전한 하나 되어
목마른 사막에 단비 뿌리라고
통일나무가 참된 화두 던진다

그 날 님에게

그날 막걸리 한 잔 사들고
님에게 가겠습니다

게으르고 게을러서
님께서 가신 지
님께서 일제 고문을 극복하려고
님께서 베이징 남의 나라 땅
남의 나라 옥에서 돌아가신지
일흔여섯 해가 돼서야
쭈뼛쭈뼛 님의 발자취 찾았습니다

님이 떠난 것처럼
님의 발자취는 시로만
님이 남기신 시의 시비로만
님이 태어난 집마저
님이 빼앗긴 나라 되찾으려
이리저리 돌아다니신 것처럼
몇 차례 옮기다 이제야 자리 잡았습니다

하늘이 아끼고 땅이 감춰 둔 구석진 두메산골

세간명리를 구름처럼 여겨 속진과 치욕을
멀리하는 마을에서 님은 태어났습니다
경북 안동시 도산면 원촌리 900,
안동댐 수몰지역에 있던 님의 생가가
이육사문학관과 함께 새롭게 태어난 곳,
그곳 뒷산 2.8km에 님이 계십니다

그날 막걸리 한 잔 사 들고 가겠습니다
그날, 강철 무지개 뜬 그날, 님을 찾아뵙겠습니다

의림지

시간은 바람이었다
바람은 흐름이었고
흐름은 살림이었다

흘러가면 그뿐이었기에
흘러가지 못하게 막았다
막혀야 필요할 때 힘차게
흐를 수 있어 힘 모아 막았다

감악에서 용두 거쳐 작성으로
이어지는 삶 결이 모산에서 쉬며
더 좋은 날 만드는 기 모았다

가을이 오는 밤
하늘에는 샛별이 총총히 마중하고
땅에는 여치가 반갑다고 더듬거렸다
사람은 멋진 이야기로 삶 꾸몄다

무암사*

바위에 뿌리내린 느티나무는
때맞춰 내리는 단비와 그 단비 먹고 자라는
파란 이끼와 부처님 가피를 입은 듯 했다

안개 자욱이 끼었을 때 더 잘 보이는
스님 닮은 바위, 노장암老丈巖 정기 받고
소도 발심해 절 짓는 기둥 옮기다 죽어
스님 부도 옆에 소 부도도 만든 무암사霧巖寺

아침 여는 비가 문득 내리다 그친다
113년 전 이곳 까치산성에서 일제와 싸우다
복숭아 뼈에 총알 맞고 체포돼 총살당한
이강년 의병장의 눈물인 듯

하늘 푸르고 바람 시원한 금수錦繡산은
그날의 아픔 고스란히 품고도 아무 일 없는 듯
정신 빼놓고 다니는 사람들 가슴을 때린다
아침비 달게 맞은 코스모스도 고개 끄덕인다

*충북 제천시 금성면 성내리 까치산성 아래에 있는 절.

월악산 영봉

멀리서 바라봐도 이쁘다
마음만 있다면 거리는 심술부릴 수 없다
자동차로 달리다 문득 내다보아도
졸다가 언뜻 올려보아도
반가운 첫사랑처럼 방긋 다가왔다

안으로 찾아갈 기회 몇 차례 넘겼다
아예 다시 올 기약마저 하지 못했다
그래도 나무람 섭섭함 찡그림 없었다
오로지 산뜻한 미소 은근히 보여줬다

삶은 앞만 보고 달리는 게 아니다
가끔은 옆과 뒤를 살펴보는 느긋함이
잊고 잃었던 것 되찾는 길이다
알지만 실천하지 못하는 것
느낌표로 따끔하게 알려주었다

영산은 한줌 흙도 한 조각 자갈도
마다하지 않았다, 주면 받고 달라면 주고,
품안에 있는 것 바깥에 떠도는 것

모두 한 결 같이 받아들였다

제멋대로 부는 바람도
바람 따라 흐르는 구름도
구름 앞서 부끄러워하는 해님도
같은 마음으로 안았다

그 어느 솜씨 좋은 장인도
그 어떤 천재 화가 조각가도
그 어떤 맷집 좋은 이야기꾼도
만들 수 없는 사랑 솜씨 좋게 펼쳤다

두향

사랑한 게 죄였더이다
매화를 사랑한 그대는
향기를 팔지 않는 매화보다 더 고고해
가까이 하기엔 너무 멀었더이다

함께 갈 수도 있었을 터인데
잔 들고 슬피 울 때 술도 임도 가니
꽃 지고 새 우는 봄날을 어이할지*
생이별이 막막하더이다

그대가 보내준 맑은 우물이
핏빛으로 물들어 그대 먼 길 떠나신 것 알아
삼박사일 찾아갔어도 마지막 가는 길
먼발치에서 홀눈물로 보냈더이다

그대와 함께 외로움 달래던
단양 강선대 아래 마련한 유택*
매화에 물 잘 주라는 유언으로
그대 후손들이 보살펴 주더이다

아주 아주 어렸을 때

어머니 아버지 모두 여의고

기적妓籍에 올린 게

기적奇蹟이 되지 못하고

기적飢笛으로 남았더이다

*단양 군수이던 퇴계가 풍기 군수로 떠날 때
 두향이 지은 이별가에서 인용.
*두향묘는 원래 강선대 부근에 있었는데 충주댐
 건설로 수몰되면서 옥순봉 건너편으로 옮겼다.

비봉산

첩첩산중 산골마을에 살던 농민이
배 타고 물고기 잡는 어부가 되었다

봉황이 날아오르는 모습을 한 산은
차오른 물에 팔 다리가 잠겨 거의
섬으로 바뀌어 전후좌우를 훤히
관망할 수 있는 전망대가 됐다

남쪽에는 악어섬 넘어 월악산과 인사하고
서쪽으로는 남한강 따라 충주로 이어진다
북쪽은 대덕산 용두산이 치악산으로 내닫고
동쪽으로는 작성산과 금수산 넘어 소백산이
아스라이 사귀자고 손짓한다.

그 사이는 바다로 변한 청풍호수,
산과 마을이 다도해처럼 펼쳐진다
말로는 그 멋진 풍광을 표현할 수 없어
좋다 기대이상이다 오길 잘 했다는 말만
주문처럼 염불처럼 외웠다

두 시간 남짓 발길은 잡풀에 잠겼고
만 오천 원에 하늘로 난 줄길 탄 덕분에
땀 한 방울 흘리지 않고 봉황이 즐겼을
선경을 코로나 떼어내고 가슴에 담았다

박달재*

시간은 직선으로만 흐르지 않는다
해와 달 훔치는 그 사람 있는 곳에선
문득 멈췄다, 곡선으로 이어진다

박달이 걸어서 한양 갔다 온 길은
박달재옛길이 되어 오가는 이 거의 없고
박달재옛길 옆 2차선 자동차 곡선 길도
저 아래로 4차선 터널이 직선으로 뚫려
자전거 동호인들만 애써 곡선을 사랑한다

김취려 장군이 거란군 3만 명과 싸워 이겼고
별초군이 몽고군을 물리쳐 포로를 구출했으며
유인석 제천의병이 충주를 공격하려 넘나들었고
6.25남침 때 공산군 남하를 저지했던 이 곳

모든 사연이 직선에 밀려 잊혀갈 때
그 사람 있어 1000년 된 느티나무 고목에
박달과 금봉의 사랑을 곡선으로 되살렸다
시간이 직선으로 질주하다 흠칫 놀라
목굴암에서 곡선으로 이야기 나누며 흐른다

*제천시 봉양읍과 백운면 사이에 있는 고개로 제천과
충주를 잇는 교통요지다.

고달사터*

숨겨진 보물은 이런 것이다
가을걷이 끝나 한가로운 논밭 사이로 난
길을 꼬불꼬불 한참 달려서야 다다른 곳

서남북이 산으로 둘러싸여 포근하고
동쪽만 훤하게 트여 시원한 산자락에
커다란 석조좌대가 늠름하게 앉아 있고
우뚝 솟은 비석이 덩그러니 손짓한다

어서 오라고
어서 와서 내 답답한 마음 들으라고
어서 와서 저 위 국보4호도 느끼라고

기다리다 머리 하얗게 센 억새도
머리 살며시 끄덕인다

발갛게 물든 나뭇잎만 보지 말고
땅 속으로 사라진 이곳의 사연
하늘 높이 날아가 버린 이곳의 역사
사람 사이로 허물어진 이곳의 아픔

파묻지 말고 찾아보라고

모른 체 지나치지 말고 가슴 기울이라고

어렵게 찾은 발걸음 헛되게 하지 말라고

숨겨진 보물은 돌몸 흐느끼며

낙엽 바람으로 호소하고 있었다

*고달사高達寺터 : 경기도 여주시 북내면 상교리에 있다.
 사적382호.

은목서

아마 꿈결에서 맡았을 것이다
아마 전생에서 느꼈을 것이다

저녁 어스름 뚫고 코로 다가온 그대
새벽 발그레한 노을 헤치고 온 그대
아침 싱그러운 바람 가르며 온 몸으로
온 맘으로 성큼 성큼 다가온 그대

모르고 지나쳤을지 모른다
왔는데 온 줄도 모르게
하얗게 뜬 달에서 자라
달콤한 사랑으로 은은히 퍼진 그대

사랑은 늦게 와서
사나운 추위 오들오들 떨면서
한 살 한 살 키운다는 것
여름 꽃과 봄 열매로 알려주는 그대

하나에서 둘로 둘에서 넷으로 퍼지는 그대
아마 꿈결에서 아마 전생에서 만났을 것이다

갈대

비웃지 마라
바람 부는 대로 흔들린다고
흔들려도 꺾이지 않는 건 바로 나
줏대 버리지 않고 바뀌지 않으니

흘리지 마라
어린 새순은 나물로
몸은 빗자루로 이엉으로 자리로
꽃과 뿌리는 열과 독 없애는 약으로

헷갈리지 마라
나는 물가에서 자라는 지자(智者)
억새는 뫼와 들에서 바람 벗되는 인자(仁者)
잎과 꽃만 봐도 금세 알 수 있으니

똑바로 봐라
속을 비워 바깥을 맞이하는 것
바람 듬뿍 받아 노래 부르는 것
봉상왕 내쫓을 때 내 잎 신표로 삼았다는 것

동거*

살아있는 화석 은행나무와
서낭당에서 사람에게 절 받는 느티나무가
사이좋게 동거하고 있었다

옆에 서서 사귀는 게 아니라
은행나무 몸통 안에
느티나무가 시집와서
두 몸이 한 몸으로 뜨겁게 살고 있었다
세상에 이런 일이에나 나올 듯하게

기막힌 일이 어떻게 가능할까
휘둥그레진 눈이 몸통과 줄기와 잎을
연거푸 쳐다보고 손가락은 바쁘게
셔터 돌아가는 소리를 들었다

백제부흥운동이 마지막까지 펼쳐졌던
임존성 가는 길을 헤매다 우연히 만난
아담한 동네 어귀에서 은행나무가
느티나무를 품에 살포시 안고
행복한 미소를 노랗게 짓고 있었다

발갛게 수줍던 느티나무도

발그스름한 노랑으로 밝게 웃으며

다름을 받아들여 하나 되라고 손짓했다

*충남 예산군 광시면과 대흥면 및 홍성군 금마면이 만나는
 봉수산鳳首山(484m)에 있는 임존성任存城을 가다가 길을 잘못 들어 헤매다
 우연히 한 동네 어귀에 서 있는 멋진 은행나무 안에 느티나무가
 함께 자라는 모습을 보고….

심우장

갈 때마다 다르다
봄에는 얼음 녹이고 희망 지피는 까치 노래
갈에는 황금 들녘 어깨 춤 들썩이는 풍년가
겨울엔 북풍한설 살포시 감싸 안는 엄마 품
여름엔 침묵하며 떠난 그날에 남긴 그 말씀

잊은 지 오래였다
일제 고문으로 옥사한 김동삼 칠일장 치른 용기
살아있는 최남선 장사지내고 만나지 않은 기백
친일로 변절한 최린, 인간도 아니라 꾸짖은 얼
오롯이 살아있는 서울시 성북동 222-1 심우장

향나무 꼿꼿하게 지킨다
조선총독부 마주 할 수 없다며 북쪽 바라본 집
마당 끝에 유언처럼 직접 심은 향나무 한 그루
님 떠난 지 75년 돼서야 겨우 사적지로 지정한
게으름 무책임 뻔뻔함 너른 마음으로 껴안고서

갈 때마다 똑같다
어서 오라며 반갑게 미소 짓는 님의 얼굴

해야 할 일 못한 것 내리치는 시퍼런 죽비

금방이라도 점심 밥상 차릴 것 같은 부엌

완전독립과 평화통일 어서 이루라는 채찍

*심우장尋牛莊 : 만해 한용운(1879~1944)이 1933년에
지어 살다 1944년 입적한 곳. 서울시 성북동 222-1에
있다. 심우는 '자기의 본성인 소를 찾는다'는 뜻으로
선종禪宗의 열 가지 수행 과정 중 하나.

경교장

경교장!
경교장京橋莊이 어디였던가
1949년 6월26일 일요일,
대한민국 역사 갈린 곳

바로 코앞인데 어찌 그리 무심했을까
그저 고개만 들었어도
그저 눈만 제대로 떴어도
저절로 알았을 것을

72년 그 오랜 세월 동안
눈 감고 귀 막고 입 닫았다
마음까지 빗장 굳게 걸었다
경희궁 서울역사박물관 옆 삼성강북병원 본관,

경교장에서 뒤늦게 백범 뵌 날
마음 달래기 어려워 광장시장에 갔다
빈대떡에 막걸리 벌컥벌컥 마시며 따졌다

어찌 그리 쉽게 돌아가시었소

무거운 발걸음 잘 떨어지더이까
그깟 조그만 권총 알 그렇게 세든가요
이제 그만이라는 마음 앞섰는지요

한 잔 두 잔 지나 석 잔 넉 잔으로
김구는 말이 없고 오장육부만 고문당했다

양털구름

맑은 가을 날
양떼가 하늘로 소풍을 갔다
들판에서 한가로이 풀 뜯기 심심한 듯
하나 둘 셋 하나 둘 셋 넷
날아올라 비늘이 되고 조개가 되어
너도 훨훨 올라오라고 손짓한다

어쩌라고 이리 꼬드기는 것이냐
죽록원 고달사 덕진산성 저 높이
촘촘한 밀집대형으로 뛰어올라
무지개 보자기로 뜨거운 해
손 델라 포근하게 감쌌다

바람도 살짝 멈췄다
그 멋진 모습 고이 간직하려는 듯
그 아름다운 순간 놓칠 수 없다는 듯
눈은 양떼에 멈추고
손가락은 연거푸 바쁘다
두 발은 문득 얼음 되어 굳었다

길

가야할 길이 있고
가서는 안 될 길 있네

마음이 만드는 길
바람이 쌓고 싶은 길
없어 만들어 가는 길
있어도 막는 못된 길

살아서 가는 길
죽어도 못 서는 길
달콤한 입술 길
피투성이 가시밭 길

막걸리 마시기 전 길
막걸리 마시고 난 길
머리 쥐어뜯는 길
다음 날 무서운 길

가서는 안 되는 길
꼭 가야만 하는 길

〈평설〉

고산자古山子의 혼으로 문화를 찾고, 그 몸에 시의 혼을 입히다

이충재(시인, 문학평론가)

1. 시인의 시적 가치 추구를 발견하며

이 시대의 중심을 살아가면서 다짐처럼 감사의 고백을 하며 살아가는 시인들의 수효에 대해서 생각을 한다. 더욱이 그 역할론에 거시적 안목을 부여하면서 살아가는 시인들과의 만남을 기대하면서 무게 중심의 추를 발견하기를 희망한다. 뿐만 아니라 자기 아픔과 고뇌 그리고 고독의 순간에 시혼詩魂을 불러와 타인을 위로하고 치유케 하는 원동력을 지닌 시인들과의 깊은 교감이 그립다. 그 이유는 단 하나 시가 지닌 특성 때문이다. 더욱이 시인들은 다른 문학 장르 종사자들에게서는 찾아 볼 수 없는 순수와 영혼의 울림을 불러내는 신기神技를 지니고 있기 때문이다.

시를 쓰고, 시를 읽고, 시를 가슴에 품고 살다 보면 내적 치유를 경험하게 된다. 그런데 21세기 시 세계를 향해서는 절대 유감이다. 시인들이 많은데, 시가 지닌 생명력은 좀처럼 찾을 수가 없다는 것이 그 이유다. 시의 정화 능력을 발견하기가 어렵다. 그 영향력의 미흡 탓일까. 시를 사랑하고 시인이 지닌 혼으로 그리움을 노래하고 인문학의 양식을 마음껏 마시고 먹는 독자가 점점 더 사라지고 있는 것이다.

   시인들이 사라진 세상은 향기 가득 품고 피고 지는 아름다운 꽃이 사라지고 생명력은 강하나 향기와 아름다움을 찾을 수 없는 들풀만 무성하듯 삭막한 황무지가 되어 버린다. 그 황무지에 인공적인 조형물을 쌓아놓고 감상의 차원을 높이나 여전히 공허함뿐 진정한 의미의 만족을 충족할 수가 없다. 그래서 시대를 보면 다툼과 시기와 질투와 불신과 탐욕만 난무할 뿐이다.

   그런 까닭에 일부 시인들은 자기 역할론을 잊고 인기에 연연해 글을 쓰는 연예인처럼, 혹은 명예와 권력을 탐하고 거짓을 수시로 발설하고 행하는 정치인들처럼, 더러는 상도를 저버리고 불손한 흥정만을 일삼는 저자거리의 검은 손의 소유자들을 닮았다. 이래 가지고서는 시인이라고 고백할 수가 없음에도 불구하고 이러한 불명예스러운 행위를 저버리지 못하고 그 잘난 명분과 천민자본주의의 결과물인 물질만을 축적하려는 데 혈안이 되어 산다.

   요즈음의 시인들을 보면서 고민하게 되고 아픔이 다소 몰려오는 것은 어쩔 수 없는 현실이다. 그래서 시를 쓰고 수많은 시집을 읽고 시집 평을 하면서 마음의 병처럼 밀려오는 의문을 지울 수 없다. 바로 '시인의 역할론'에 대한 상심이다. 시인이 시를 가지고 할 수 있는 일은 무엇일까? 시가 예전처럼 독자들의 영혼에 감동을 자아내는데 장애의 요인이 되는 문명화의 결과물이 지배하는 시대에, 시와 시인이 올바로 관계하면서 살아낼 역할론에는 어떤 것이 있을까 고심 중에 있다.

그러던 차에 홍찬선 시인을 만났다. 물론 오프라인상의 미팅이라기보다는 지면을 통한 조우이다 보니 더욱 깊이 있는 앎을 불러 일으킨 계기가 되었다고 자부할 수 있다. 글을 쓰는 사람들은 무엇보다도 그 작품이 품고 있는 기품이나 개성이나 생명력이나 삶의 가치관이나 분명한 방향 설정을 하는 조타수가 되어야만 한다.

그런 의미에서 볼 때, 홍찬선 시인은 분명 작가와 시인으로서의 기품과 개성과 생명력은 물론 올바른 가치관과 분명한 인생 방향 설정을 돕는 조타수임에 틀림없다. 그도 그럴 것이 홍찬선 시인이 절대 태만하거나 과작 운운하면서 시를 생산해내지 못하면서도 명분론만을 내세우는 시인이 아니란 것을 '시(詩)발'로 왕성한 작품 활동을 하는 면면을 통해서 시인의 자세를 알게 되었기 때문이다. 이 시 원고를 보기 전 필자는 남한산성 곳곳에 대한 고증이 일궈낸 역사적 흔적에 혼을 불어넣어 창작한 홍찬선 시인의 일곱 번째 시집 『꿈-남한산성 100처 100시』를 먼저 만나 시인의 부지런함과 함께 역사 기행 작가라는 닉네임으로 호명해도 틀림없는 독특한 이력을 지닌 시인이란 것을 알고 있었다. 필자는 그 시집을 읽고 다음과 같이 소감을 피력하였던 기억이 있다. "이 시집은 두 가지 면에서 가치와 의미를 준다고 할 수 있다. 그 하나는 그냥 산행의 일환으로 오르고 말 남한산성이 아니요. 올바른 역사관을 학습할 수 있는 자료로서의 의미가 있다고 하겠다. 시인은 각 시편마다 주석이 필요한 부분은 주석을 달아서 독자들의 이해를 돕고자 했다. 두 번째로는 역사의 고증을 들어 오늘을 가장 가치 있게, 그리고 아름답게 살아가는 방법을 사유의 공간으로 삼고 독자들을 초대하고 있는 것이다. 만약 이 같은 의식이 없다면 이 시집을 읽는 것 자체가 무의미하거나 어려울 수도 있겠다."

이 시집은 일곱 번째 시집의 연장선상에서 창작된 또 다른 열정이 빚어낸 시 창작이라고 할 수 있다. 이 시집은 '고산자 김정호의 열정과 천재성', 그리고 '송강 정철의 문학과 자연이 빚어낸 몰아의 경지'가 낸 섬세함과 '신경림 시인의 발품이 자아낸 토속적 시풍'과 더불어 '유홍준 교수의 문화유산을 향한 애증'이 빚어낸 작품 세계를 잇는 또 다른 문학적 치적이란 점에서 가치와 의미를 향한 필요충분조건을 모두 갖춘 시집이라고 할 수 있다. 그 이유를 찾는다는 것은 어려운 일이 아니다. 그 단서를 시인의 머리말에서 찾을 수 있었다. "한국문화재단의 지원을 받은 강 작가와 저는 2020년 8월부터 전국의 문화재 현장을 찾아다녔습니다. 코로나19로 여행객이 뚝 끊긴 문화재 현장은 아픔 그 자체였습니다. 주차장이 텅텅 비고 손님의 발길을 기다리는 가게 주인들의 애타는 한숨 소리가 높고 깊었습니다. 독도에서 시작했습니다. 한국에서 제일 먼저 해 뜨는 곳, 독도는 막내가 아니라 맏이입니다. 독도는 외로운 섬 하나가 아닙니다. 독도는 상상력 덩어리이고, 젊음의 꿈이고, 대한민국의 미래입니다. …한국은 넓고 깊었습니다. 좁다고 불평하는 사람들은 한국의 넓고 깊은 곳을 다니지 않은 사람들의 핑계에 불과합니다. 아무리 좋다고 얘기해도 직접 발을 움직여 가서 보는 것이 가장 좋습니다. 백문이 불여일견不如一見이라는 말처럼 말입니다."

2. 시혼이 빚어낸 역사문화현장의 변방을 찾아가다

홍찬선 시인의 여덟 번째 시집의 특징이라고 하면 '문학, 문화의 종합 센터로서의 기능'적 시도라고 할 수 있다. 이를 다시 풀어 말하면 그 누구도 시도하지 않은 문학적 시도라는 산물이란 점에 그 의미를 둘 수 있다. 모르긴 해도 홍찬선 시인은 역사적으로 볼 때, 고산자 김정호나 송강 정철, 그리고 현대에 와서 신경림 시인과 유홍준 교수의 성향을 닮지 않았나 싶다. 그런 측면에서 볼 때 유사한 점은 지녔다고 할 수 있겠으나, 홍찬선 시인에게 있어서 특징이라고 하면 이들 성과물을 총체적으로 종합하여 시문학 작품으로 창작했다는 시험적 토대를 구축한 시인이라고 해도 무방할 만큼 홍찬선 시인이 이전에 발표해 온 일련의 창작물(소설집『그해 여름의 하얀 운동화』, 시집『꿈-남한산성 100처 100시』와『가는 곳마다 예술이요 보는 것마다 역사이다』가 그 증거가 된다고 할 수 있으며 홍찬선 시인의 작품을 토대로 이를 증명할 수 있겠다.

이 시집 대부분의 시가 문화유산을 답사한 '시詩발' 성격이 강한 만큼 대표적 시 몇 편을 감상하면서 그 가치를 논하는 것이 좋을 듯하다.

누가 독도를 외로운 섬이라고 했나
망망대해 기댈 것 하나 없는
동해에 우뚝 솟은 큰 섬
우산봉 대한봉 짝 이뤄 기틀잡고
촛대봉 탕건봉 삼형제굴 부채바위
숫돌바위 오작교 하나 되는 곳

독도는 상상력 덩어리요

독도는 젊음의 꿈이요
　　독도는 대한민국 미래다
　　 ―시 「독도는 외롭지 않다」 1, 2연

　　홍찬선 시인의 이 여덟 번째 시집의 출발은 「독도」로부터 시작된다. 한국 현대사에서 가장 큰 이슈로 등장하는 것이 독도이기 때문이다. 역사의 갈등 중 어느 하나 이웃하는 일본과 관계되지 않은 것이 없다는 건 사실이나 오늘날까지 역사적 갈등 그 중심에 독도가 뿌리 깊게 자리하고 있음은 부인할 수가 없다. 시인은 독도로 시작해서 백두산까지 한반도 전역을 돌면서 문화유산이 품고 있는 피와 눈물, 선조들의 모든 애환을 시로 그려낼 목표를 삼고 행랑을 짊어진 것이다. 많은 시인들이 독도를 노래하고, 보듬어 안는 시를 써 왔지만, 앞의 시를 볼 때 군더더기가 하나 발견되지 않는 독도의 중요성이 가감 없이 시의 형식 위에 우뚝 서 있음을 본다. 그만큼 독도가 차지하는 대한민국의 영토분쟁의 중요성을 향한 시인의 비장감이 엿보이는 작품이라고 할 수 있다. 홍찬선 시인의 시에는 이렇게 국토를 종주하면서 시의 혼을 문화유산 그 토대 위에 새 생명력을 불어넣으려고 의도한 강인한 의지가 발견되고 있다.

　　머리로만 생각한 것은
　　현장에 가면 늘 산산조각난다
　　경주시 양동마을에 들어서면서
　　개 두 마리가
　　깜짝 놀라 줄행랑을 쳤다

가보기 전엔 좋은 줄 모른다는 말
　　유네스코 문화유산에 등재됐다는 말
　　세상을 놀라게 할 세 명의 현인이
　　태어날 명당 터에 지어진 집 있다는 말

　　이름은 헛되이 전하지 않는다는 말은
　　양동마을에 들어서는 바로 그때부터
　　커진 눈을 떼지 못하고 벌어진 입 연 채
　　아쉽게 떠나야 하는 순간까지 이어졌다
　　-시「양동마을」1, 2, 4연

　이 시는 홍찬선 시인 삶의 가장 특성 있는 성향을 보여주고 있다고 할 수 있다. 홍찬선 시인을 잘 모르는 독자들의 이해를 돕기 위해서 부연하면, 시인에게는 역마살과 같은 긍정적 열정이 가슴 가득하다는 것이다. '머리로만 생각한 것은/ 현장에 가면 늘 산산조각난다'는 시 문장이 주지해주듯이 발로 뛰면서 직접 보고 듣고 학습한 자료에 의해서 시를 쓰는 시인 특유의 부지런함과 섬세함이 빚어낸 문학의 결과물이 바로 독자들이 읽고 있는 이 시인 것이다.
　그 특유의 몰입이 이 시집의 근간을 이룬다는 점에서 볼 때, 홍찬선 시인의 이 시집은 단순히 시문학의 결과물이기보다는 머리로만 역사를 공부하는 이들, 혹은 타인의 성과물에 의존하여 거짓된 진실을 발설하는 이들의 게으름과 오만을 질책함과 동시에, 문헌과 현장의 사실이 아닌 모방이나 패러디에 의존하여 학문의 영역을 잠식하려는 비즈니스적 지식인들의 정수리를 내리치는 비수가 되기도 하는 것이다. 이것이 바로 홍찬선 시인만이 가지고 있는 올곧은 탐구정신이 빚은 시의 힘인 것이다.

   부소산에 바람이 인다
   고란사에서 낙화암 거쳐
   삼충사를 휘감는 쓸쓸한 바람

   아무리 나라와 백성을 살릴 묘책 있어도
   지도자를 잘못 만나면 아무런 쓸모없는 일
   그저 쓸모없는 것으로 끝나지 않고
   내가 죽고 지도자도 죽고 백성들도
   양떼처럼 이리저리 돌림 빵 당하다 죽는다
   -시「부소산성 삼충사」1, 2연

이 시를 읽다가 문득 김병연(김삿갓) 풍자 시인이 생각났다. 조선 시대 영월을 거점으로 한반도 전역을 다니면서 비리에 연루된 벼슬아치들을 풍자하기로 이름난 방랑시인 김병연의 정신을 홍찬선 시인의 시에서 발견한 것은 우연이 아닌 필연의 일치라고 해도 지나친 표현이 아니다. 나라가 이 모양 이 꼴로 치닫는 데는 그 중심에 못난 정치 패거리들이 버티고 앉아서 나라살림을 축낼 뿐만 아니라 국민들을 농락하는 수준 이하의 작당을 모의해 온 까닭이다. 거기다가 국민들을 나뉘게 하는 허리동강난 국토의 전설을 21세기 한반도에 재현시키고 있는 웃지 못할 처사들을 비판하는 그 힘과 필연성이 그대로 삽입되어 교훈을 주고 있기 때문이다. 이것이 바로 올바른 사상과 가치관을 가지고 살아가는 건강한 시인들에게 맡겨진 몫이라는 것을 입증하는 시인 셈이다.

   도라산역은 늘 아프다
   봄 날 들꽃 흐드러질 때는
   봐 줄 사람이 없어 아프고
   가을 억새 하얗게 산들거릴 땐
   함께 월동 준비할 이 없어 아프다

   도라산역은 늘 애달프다
   부인 낙랑공주가 지어 준 암자에 올라
   멀리 서라벌을 바라보며 눈물짓던 경순왕의
   한이 어렸음일까
   고추 빨갛게 익히는 가을볕마저 애달프다

   남으로 느긋하게 56km 달리면 서울
   북으로 좀 서둘러 205km 쏘면 평양
   하늘 길 마음대로 오가는 기러기라면
   하루에도 몇 번씩 오갈 수 있는 곳
   물길 거세게 헤엄치는 물고기라도
   가람 바다 거치면 금세 왔다 가는 곳
   −시「도라산역」1, 2, 3연

21세기 한반도에 아직 치유되지 못하고 절대적 아픔을 호소하고 있는 상흔이 있다면, 첫째 일제강점기의 흔적을 깨끗이 청산하지 못하고 역사적 아픔을 끌어안은 채 나이 들어가는 것이라고 할 수 있고, 두 번째가 남북통일을 이루어내지 못한 채 전 세계 국가들의 동정과 강대국이 노리는 자국 영리의 유,불리에 철저하게 이용당하고 있다는 것이다. 이러한 상황이 시「도라산역」을 통해서 독자들에게 제대로 읽혀질 때 비로소 나라의 기강은 바로잡힐 것이고, 나라살림을 맡은 정치인들이나 지식인들 그리고 종교, 교육 문화에 몸담고 있는 이들에게 그릇된 가치관을 향한 신속한 개혁의 빛을 밝게 비추지 않을까 싶다. 나라살림이나 국민의 안위를 외면하고 당리당략에만 혈안이 된 정치인들의 뼈를 도려내는 자기 각성이 도라산역 인근에서 봉기될 때, 그 이후의 한반도 정국은 밝은 변화를 보여주게 될 것이다.

　지금까지 몇 편의 시를 통해 필자는 홍찬선 시인의 시가 표현하고 있는 역사성과　문화를 사랑하고 보존해야겠다는 강한 의지, 그리고 그 유산에 켜켜이 쌓여 있는 진실의 유무를 목격하고 진단한 결과를 생각하면서 독자들과 함께 '견고한 공동체를 이루어가자'는 홍찬선 시인의 암묵적 의사표시를 탐색해 보았다. 이 시집에 수록된 거의 모든 시들이 민족애 넘치는 주제를 함축하고 있다는 점에서 언젠가 북콘서트나 출판기념회 형식의 자리나 또는 언론 기고 등을 통해 다시 충분히 논의하는 기회가 있었으면 한다. 그만큼 이 시집이 제시하는 주제들은 간단하게 짚고 넘어갈 문제들은 아니다. 앞에서도 밝혔지만, 홍찬선 시인의 한반도 순례의 행보는 현재 진행 중이기 때문이다.
　홍찬선 시인은 시인이면서 작가이다. 그러기에 시인들이 흔히 놓치기 쉬운 논리적이고도 서사적 구도 속으로 접근해 들어가는 남다른 재능을 지녔다. 그 특유의 본능이 빚어낸 시들을 단순히 시로 읽는 데 그치지 말아야 한다. 그 대신 역사, 문화유산을 진실되고 냉철한 마음의 눈으로 접근하다 보면, 여느 시인들의 시에서 발견하지 못하는 놀라운 성과를 이 시집에서 발견하게 되리라고 확신한다.

3. 홍찬선 시인만의 특유 서정시를 만나다

홍찬선 시인에게는 '거룩한 망명자'적 가치관이 엿보인다. 그 이유는 주변을 의식하지 않고, 시인만의 관점에 엔진을 부착하고 설정된 궁극적 목적지를 향해 달리고 있는 것이 읽혀지고 있기 때문이다. 사실 문학이나 인문학의 총괄적 부분에 있어서 우리는 타인, 즉 주변을 지나치게 의식한다. 특히 누구의 문하생이란 명제가 만들어 놓은 미시적 관점은 그 대상으로부터 창의성을 말살시키는 감옥 내지는 '길들이기' 역할을 할 수도 있다는 점이다. 그러나 분명한 자기의지 대로 지향점을 설정해 놓고 만난 사람들이 이 시집의 시를 읽게 되면 홍찬선 시인과 함께 동행자가 되어 더 포괄적으로 새로운 문학적 영역을 확보하는 계기를 만들 수 있을 것이다.

이 시집에는 100편의 작품이 수록되어 있다. 이 시들은 모두 한반도 전역을 다니면서 확인한 문화유산 답사의 결과물이다. 하지만 이 작품 중에는 홍찬선 시인이 특유의 솜씨로 빚어낸, 빛나는 광채의 서정시도 여러 편 있다. 이 서정시를 살펴보면서 글을 마무리하고자 한다. 이는 주제가 강한 작품들 평설에 치우친 나머지 필자가 간과했었던 홍찬선 시인만의 숨은 매력이 담긴 작품들이기도 하다.

> 사랑을 생각하고 나무를 보면
> 심장이 보입니다
> 그대의 얼굴이 서립니다
>
> 캄캄한 밤을 바람 자장가에 기대
> 반 천 년을 살아온 느티나무의 팔과 손가락이
> 하늘과 땅의 도움으로 빚어 낸 요술입니다
>
> 사랑 없는 메마른 가슴은
> 설레지 않는 딱딱한 머리는
> 선지식으로 가득 찬 두 눈은
> 나무가 전하는 사랑을
> 보지 못합니다
> ─「사랑나무」1, 2, 3연

이 시는 홍찬선 시인이 의인화시킨 충남 부여군 임천면 성흥산성에 있는 400~500살 된 느티나무를 향한 사랑 고백이다. 이를 통해 이 시대를 살아가는 뭇 사람들의 사랑과 관계성, 그리고 자연과 인간의 일체적 삶의 중요성을 깨닫게 해 주고 있다. 나무와 풀 한 포기, 꽃 한 송이, 돌멩이 하나도 시인의 눈에 들어와 시인의 가슴으로 읽혀지면 이처럼 생명력 풍부한 인간의 다정다감한 친구이자 소통하는 관계의 대상으로 부각된다는 점을 알게 된다.

또다른 시 「뻘기」도 그렇다. "하얗게 지새운 밤 무슨 걱정 그리 많나/ 허기진 보릿고개 함께 넘던 어린 길벗/ 떠난 님 돌아오시라고 새하얗게 끓은 애"를 보면 잠시 동심의 세계로 회귀하는 순간의 행복에 취하는 시인의 모습을 상상할 수 있다.

  이 시집에 실린 홍찬선 시인의 작품들을 읽다 보니 필자와 공통점이 많음을 발견할 수 있었다. 시인이 탐방한 많은 유적지를 같은 마음으로 돌아 본 기억이 있고, 추억 또한 동시대적 배경을 지녔다는 점에서 이 시집의 평설을 쓰면서 깊은 행복에 취할 수 있었다는 점을 고백하며 감사를 드린다.

    목이 말랐나 보다
    막걸리 잔에 문득
    여치 한 마리 앉았다
    햇살 따가운 가을날 한낮
    향기로운 내음에 취했나 보다

    맘이 고팠나 보다
    손등으로 옮겨 앉아
    도망갈 생각을 하지 않는다
    손을 뒤집으니 떨어지지 않으려고
    여섯 손으로 꽉 잡는다

    할 말이 있었나 보다
    슬금슬금 여기저기 맛보더니
    손등을 살며시 물어 본다

노래 불러도 알아듣지 못하자
몸소 찾아와 입으로 전한다
엄마가 여치로 찾아와 코로나와
더불어 살아갈 지혜 알려준다
-「여치」전문

이 시는 홍찬선 시인이 문화답사 다니는 동안 지친 여로에서 만난 느티나무 정자와도 같은 역할을 하고 있다. 동시에 홍찬선 시인이 추구하는 서정시의 백미에 가까운 작품성이 돋보이는 시라고도 보여진다. 그러니까 단순히 숨 가쁜 긴 여정 속에서의 쉼터를 의미하는 시가 아니라 몰아일체의 고조된 감정이입이 깊게 내재되어 있는 아주 편안한 휴식 같은 작품이다.

21세기의 한반도는 사람과 사람 사이의 괴리감이라는 담벼락이 너무 높다. 이 또한 체면을 강조하는 기성인들의 문화이자 정치권이 만들어낸, 인공적이고 탐욕한 이기주의가 자아낸 장애란 점에서 불행한 일이 아닐 수 없다. 이 정도에서만 머문다면 그래도 다행이라고 할 수 있을까? 그런데, 더욱 슬픈 것은 개발이란 명분 아래 자연을 심각하게 훼손하여 자연재해가 사람을 삼키고 있다는 것이다. 홍찬선 시인의 시가 더욱 돋보이는 이유이다. 이 밖에도「고마나루」「순천만 습지」「갈대」등은 시의 서정성을 확장하는 홍찬선 시인의 장점이 잘 표현되어 시의 맛을 더하는 수작들이다.

4. 홍찬선 시인의 시들을 보내며

홍찬선 시인의 안내를 받아가면서 함께 숨 가쁘게 한반도 곳곳을 다녀온 기분이 들었다. 마치 답답했던 역사적 오류라는 감옥으로부터 탈출한 느낌이다. 또한 판에 박은 이론에 급급한 생명력이 없는 문화유산답사라는 허울로부터 멀리 돌아 나와 역사적 진실을 알게 된 느낌이다.

지금 이 시간에도 여장을 고쳐 매느라 분주해하는 시인의 모습을 떠올리면서 이 글을 마무리한다. 다만 시인인 만큼 지속적인 자신만의 시 세계가 아닌, 문학이란 집을 짓는 일에 더욱 고군분투해 주시기를 부탁드린다.

대한민국은 인문학 분야뿐만 아니라 문학 세계 또한 극히 폐쇄적이고 미시적이며 다변적이다. 그런가 하면 조금 유명세를 탔다고 하면 교만하거나 자만하는 이들 때문에 문단이 소란한 적도 있다. 그럼에도 불구하고 봄햇살을 만나 돋아나는 새싹처럼 순수한 열정으로, 맑은 시정신으로 영혼을 쏟아부어 시를 쓰는 시인들이 있고, 그 중심에 홍찬선 시인이 있다고 생각하니 무척 기쁘다. 시인들이 해야 할 역할에 대하여 몹시 불만족스러워 하던 필자에게는 행복한 일이다. 더욱이 시라는 무기와 양식을 가지고 이 시대를 어떻게 아름답게 장식하고 갱생할 수 있으며, 그들 속 깊이 들어가 소망과 위로와 힘을 불어 넣어 주어야 하는가에 대해서도 많은 고심 중일 때 내 앞에 놓인 홍찬선 시인의 여덟 번째 시집 『가는 곳마다 예술이요 보는 것마다 역사이다』에서 주제가 뚜렷한 시인의 행보를 만난 덕분이다.

늘 필자는 "왜, 우리는 시인이 되려고 하는가?" 묻고 있다. 필자는 또 묻는다. "무엇을 위해 시를 쓰고, 책을 읽고, 어떻게 해야 시인이라는 호명에 자신 있게 대답하며 살아갈 수 있는가?" 이 질문에 대한 응답은 순전히 시인들의 몫이다. 누가 대신할 수 없는 분명한 시인들만의 몫인 것이다. 진리를 바로 분별하고 그 열매들을 순수라는 영혼의 그릇에 잘 담아 시대의 중심에서 힘겹게 살아가는 지친 독자들 앞에 전파하는 것이 바로 시인의 역할이다. 그러려면 시인은 아파해도 좋다. 외로운 고뇌와 한판 씨름을 해도 좋다. 유명세나 부자가 아닌, 관심 밖의 삶이어도 좋다.

홍찬선 시인은 앞으로도 분명 외롭고 힘에 겨운 작업을 계속할 것이다. 그럴지라도 시인이여! 독행자의 길을 너무 외로워하지 말고, 즐거이 노래하면서 달려가시기를 부탁드린다. 독자들에게 큰 위로와 역사와 시대를 바로 보고 제대로 분별하여 미래를 꿈꾸는 마중물이 되기를 기대하면서… ●

see in 시인특선 055

홍찬선 제8시집
가는 곳마다 예술이요 보는 것마다 역사이다
詩밭 문화자연유산 100처 100시

제1쇄 인쇄 2021. 2. 20
제1쇄 발행 2020. 2. 25

지은이 홍찬선
펴낸이 서정환
엮은이 민윤기
펴낸곳 문화발전소
서울시 종로구 삼일대로 32길 36 운현신화타워 305호
see편집국 : 서울시 종로구 종로 1가 르메이에르 종로타운 1031호
Tel 02-742-5217 Fax 02-742-5218

ISBN 979-11-87324-76-8 04810
ISBN 979-11-953101-1-1 (세트)

값 12,000원

ⓒ 2021 홍찬선
PRINTED IN KOREA

*저자와의 협약에 따라 인지는 생략합니다.
*파본 및 제본이 잘못된 책은 구입서점에서 교환하여 드립니다.
*이 책은 저작권법에 의하여 보호받는 저작물이므로
  이 책의 전부 또는 일부를 재사용하려면
  반드시 문화발전소와 저자의 허락을 받아야 합니다.